JN447826

AI와 역사학

AI문고

인공지능 시대입니다. 기계가 인간의 인지를 대신하고, 사물이 인간을 통하지 않고 다른 사물과 직접 커뮤니케이션합니다. 이에 따른 인간 삶과 문명 변화를 정확히 이해·예측·대응하는 것은 이 시대 우리 모두의 과제입니다. AI문고는 인공지능 기술과 환경의 여러 주제를 10가지 키워드로 정리합니다. 관련 개념과 이론, 학계와 산업계의 쟁점, 우리 일상의 변화를 다룹니다. 인간과 기술의 현재, 미래를 세심히 분석합니다.

일러두기

- 인명, 작품명, 저서명, 개념어 등은 한글과 함께 괄호 안에 해당 국가의 원어를 병기했습니다.
- 외래어 표기는 현행 어문규정의 외래어표기법을 따랐습니다. 다만 '딥러닝', '딥마인드', '딥페이크' 등은 관행을 따랐습니다.

이 저서는 2022년 대한민국 교육부와 한국연구재단의 지원을 받아 수행된 연구임 (NRF-과제번호)(NRF-2022S1A5C2A02090368)

처음이세요?

전문가세요?

AI와 역사학

이상국

대한민국, 서울, 커뮤니케이션북스, 2024

AI와 역사학

지은이 이상국
펴낸이 박영률

초판 1쇄 펴낸날 2024년 12월 20일

커뮤니케이션북스(주)
출판 등록 2007년 8월 17일 제313-2007-000166호
02880 서울시 성북구 성북로 5-11
전화(02) 7474 001, 팩스(02) 736 5047
commbooks@commbooks.com
www.commbooks.com

ISBN 979-11-7307-329-8 03500

책값은 뒤표지에 표시되어 있습니다.

차례

AI와 역사학의 조우

인류는 어느 시대, 어느 장소에서든 '어디에서 와서 어디로 가고 있는가?'라는 근본적인 질문을 끊임없이 던져 왔다. 이 질문에 대한 해답을 모색하는 과정에서, 역사학은 인류의 과거를 통찰하고, 현재를 이해하며, 미래를 예측하는 중요한 역할을 담당해 왔다. 이제, 인공지능 시대가 도래하면서 역사학은 다시 한번 인류의 여정을 재해석하고, 다가올 시대를 대비하며, 새로운 지평을 열어야 하는 담대한 도전에 직면해 있다.

디지털 혁신과 인공지능의 빠른 발전은 인류가 오랜 세월 쌓아 온 역할들에 대한 대대적인 변화를 예고하고 있다. 인공지능은 이미 인류의 일상생활에 깊은 영향을 미치고 있으며, 과학 · 기술 · 공학 · 수학(STEM) 분야뿐만 아니라 언어학과 법학 등 학문 분야에서도 그 영향력을 확대하고 있다(구본권, 2024). 이러한 변화의 속도는 예상을 넘어서는 수준으로, 전통적인 학문 체계의 근본적인 재검토가 필요한 시점이다.

역사학 분야도 예외는 아니다. 인류의 전유물로만 여

겨졌던 역사적 사실에 대한 '성찰과 사유'를 인공지능도 할 수 있게 되면서, 인공지능이 인간을 대신해 역사의 기록과 해석을 주도하는 시대가 다가오고 있다. 종국에 인류는 고유의 '성찰과 사유'를 인공지능에 맡겨 둔 채 그저 역사학의 수동적인 소비자로 머물게 될 수도 있다. 인공지능 시대에, 역사학이 걸어온 길을 돌아보며 아무도 경험하지 못한 미래를 내다보기로 하자.

역사학의 역사: 성찰과 사유의 여정

역사학은 인류의 기록을 기반으로 발전해 왔다. 기록은 문자의 발명과 함께 시작되어 인류 문명의 발전에서 핵심적인 역할을 담당했다. 기록을 통해 인류는 당대 인식을 '성찰'하고 시대정신을 '사유'해 왔다. 이렇게 축적된 지식을 바탕으로 사회는 더욱 복잡하고 효율적으로 조직될 수 있었다. 특히 초기 농경 사회 이후, 기록은 중앙집권적 권력의 형성과 유지에 중요한 임무를 수행했다. 이제 기록은 단순한 정보 전달을 넘어, 권력을 유지하고 강화하는 수단으로 작용했다(Diamond, 1997/2005). 문자를 읽고 쓸 수 있는 능력은 특정 엘리트 계층에게만 허용되었으며, 이들은 기록된 정보를 독점함으로써 권력층으로 그 지위를 공고히 했다.

문자 권력은 문자를 해독할 수 있는 사람들의 증가를 계기로 소수의 엘리트에서 다수의 식자층으로 전이되었다. 이 변화의 주요한 계기 중 하나로 한국과 중국 등 동아시아 전근대 국가에서 시행한 과거제도를 들 수 있다. 과거제도는 중국 수에서 처음 도입되어, 당과 송을 거쳐 제도적으로 정착되었다. 한국에서는 고려 초 광종 대에 중국으로부터 도입된 후, 조선 말기까지 지속되었다.

과거제도는 유교 경전과 문학적 소양을 중심으로 학문적 능력을 평가하여 관료를 선발하는 체제였다. 이 제도는 관직에 진출하기 위한 주요한 수단으로 자리 잡았고, 그 결과 문자를 해독할 수 있는 식자층의 급격한 증가를 초래했다. 이에 따라 교육과 시험 시스템이 사회 전반에 걸쳐 확산되었고, 학문적 능력을 인정받은 지식인 그룹이 형성되었다. 이들은 정치 · 사회 · 경제 · 문화 · 사상 전반에서 영향력을 행사하며, 역사학을 포함한 다양한 지식의 생산과 유통을 주도하게 되었다(진정, 2003). 그들은 역사 기록의 주요 작성자이자 해석자로서, 문자 권력을 더욱 공고히 하였다.

서양에서 식자층이 증가하게 된 계기는 12세기 말에서 13세기 초에 중세 대학이 설립되면서 마련되었다. 이탈리아의 볼로냐 대학, 프랑스의 파리 대학, 영국의 옥스

퍼드 대학 등은 처음에는 성직자 교육을 중심으로 발전했지만, 점차 법학·의학·철학 등 다양한 학문 분야로 범위가 확장되면서 지식인층의 증가를 촉진했다. 중세 대학을 중심으로 한 지식인층은 15세기 구텐베르크의 인쇄술 발명으로 폭발적으로 증가했다. 인쇄술의 발달은 역사 기록의 대중화를 가능하게 했고, 대중적이고 통속적인 서적이 등장하며, 지식의 접근성이 크게 확대되었다(최선아, 2017). 이는 지식이 더 이상 소수 특권층의 전유물이 아니라 대중과 공유되는 시대로 전환되기 시작했음을 알리는 신호였다.

그럼에도 역사학은 여전히 특정 엘리트 계층에 의해 전유되었다. 역사는 특정 엘리트 계층의 관점에서 쓰이고 해석되었으며, 그들의 시각과 이데올로기가 계승되는 도구로 활용되었다. 엄밀한 학문적 관점에서 보면, 특정 계층의 주관적 역사 쓰기와 해석이라는 비판에서 벗어날 수 없었다. 역사학이 이러한 비판에서 벗어나 학문적 지위를 확립한 계기는 17세기와 18세기에 확산했던 계몽주의 사상에서 찾아야 한다.

계몽주의는 이성적 사고, 합리적 분석, 과학적 방법론을 통해 세상과 인간의 본질을 이해하려는 사상이다. 계몽주의 사상의 영향을 받은 역사학은 이성적이고 과학적 방법론을 도입하며 '역사 그 자체의 역사'로 혁신을 이루기 시작했다. 이 혁신의 중심에는 18세기 말에 태어나 19세기 중반을 풍미한 독일의 역사학자 레오폴트 폰 랑케(Leopold von Ranke, 1795~1886)가 있었다. 랑케는 역사 연구에 과학적 방법론을 도입하며, 역사학이 단순한 이야기나 기록에 머무르지 않고, 엄밀한 학문적 기준을 따르도록 만들었다. 그는 1차 자료의 중요성을 강조하며, 사료 비판과 객관적 서술을 중시했다. 이제 역사학은 과거의 사실을 탐구하는 과정에서 더 신뢰성 있고 정확한 접근을 추구할 수 있게 되었다(Raphael, 2006/2015).

역사학은 본질적으로 주관이 개입될 수밖에 없는 기록에서 객관적인 사실을 추출하려는 방향으로 발전해 왔다. 역사가들은 기록을 과학적이고 비판적으로 분석하여, 가능한 한 사실에 충실한 서술을 지향하며 역사학의 학문적 기초를 다져 왔다. 이 과정에서 역사학은 단순히 과거의 사실을 나열하는 것이 아니라, 그 사실을 어떻게 해석하고 이해할지에 대한 깊은 '성찰과 사유'를 동반하며, 해석의 학문으로 시대와 공간을 초월해 지속해 왔다.

인터넷과 디지털 시대의 역사학

19세기와 20세기에 걸쳐 일어난 산업혁명은 역사학에 또 하나의 도약을 가져왔다. 산업혁명 이전에는 기록물의 생산이 제한적이었고, 접근할 수 있는 역사 연구의 주요 자료도 한정적이었다. 그러나 산업혁명 이후 인쇄술과 출판업의 발전으로 인해 기록물과 서적을 대량 생산할 수 있었고, 이는 역사학의 토대에 중요한 변화를 일으켰다.

대량 생산된 기록물들은 이전에 접근하기 어려웠던 다양한 사회, 문화, 경제적 자료들을 포함하게 되었고, 이는 역사 연구의 범위를 획기적으로 확장했다. 이전에는 주로 정치사와 군사사 중심이었던 역사 연구가 산업화 이후 사회사, 경제사, 문화사 등 다양한 분야로 확장되었다. 이에 따라 역사학은 단순히 엘리트 중심의 서술에서 벗어나, 보다 포괄적이고 다층적인 인간 경험을 다룰 수 있게 되었다.

또 기록물이 양적으로 증가하고 다양한 자료에 접근할 수 있게 되면서, 새로운 역사 연구방법론의 발전을 끌어냈다. 연구자들은 방대한 자료를 분석하기 위해 새로운 방법론과 기술을 개발했고, 이는 역사학의 분석적 깊이와 학문적 엄밀성을 높이는 데 이바지했다. 이를테면 통계적 분석과 비교사적 연구방법론의 발전은 역사적 사건과 현상을 보다 체계적이고 과학적으로 접근할 수 있게 만들었다.

인터넷과 디지털 혁명은 역사학의 발전에 획기적 전환점이었다. 역사 기록물이 디지털 정보로 전환되고, 인터넷을 통해 어디에서든 쉽게 접근할 수 있는 시대가 되었다. 자료에 대한 물리적 한계를 넘어, 인터넷을 통해 방대한 양의 '역사 빅데이터'에 손쉽게 접근할 수 있게 되면서 연구자와 일반 대중 모두가 언제 어디서나 다양한 역사적 자료를 검색하고 활용할 수 있게 된 것이다. 텍스트 검색, 데이터베이스(DB) 탐색, 알고리즘 기반 분석 등을 통해 자료를 빠르게 찾고 분석할 수 있게 되었고, 이는 역사 연구의 효율성을 극대화했다. 이에 따라 역사 연구 방법의 초점도 옮겨졌다. 과거에는 누가 더 많은 자료를 수집했는지가 중요했다면, 이제는 누가 더 신속하게 자료를 수집해 분석하고 의미 있는 통찰을 도출할 수 있는지가 관건이 되었다. 디지털 기술은 자료 분석의 속도와 정확성을 높였으며, 이를 통해 새로운 연구방법론과 접근 방식이 등장하게 되었다.

디지털 기술의 발전은 역사학 연구에 큰 영향을 미치고 있지만, 이 같은 변화에 대해 비판적인 시각도 여전히 존재한다. 역사 빅데이터를 활용할 때, 단순히 데이터의 양적 분석에만 치우쳐 데이터 자체에 대한 깊이 있는 해석을 소홀히 한다면, 이는 마치 지도의 본래 목적을 잊고 만든 '제국의 지도'와 다를 바 없다. 또 연구자들이 데이터베이스화할 수 있거나 접근하기 쉬운 주제에만 집중함으로써 연구의 편향성이 나타날 수 있다는 점(정일영, 2016)도 지적되었다.

이러한 문제는 디지털 기술 기반 연구의 특성에서 기인한다. 역사 빅데이터를 활용하는 디지털 연구는 역사 자료에 기록된 사실들을 연구자의 목적에 맞게 세밀하게 해석해 서술하지 못할 가능성을 내포하고 있다. 이는 디지털 기술을 활용한 연구가, 데이터의 방대함으로 인해, 자료 하나하나에 대한 깊이 있는 분석과 사유를 충분히 담아내기 어려운 경우가 많기 때문이다. 더욱이 사료 하나하나 그 이면의 의미까지 분석하는 전통적인 질적 연구와 비교했을 때, 디지털 기술을 활용한 연구가 새로운 결과를 도출하지 못하고 있다는 비판도 제기된다(이상동 · 박충식, 2020).

그렇지만 전통적인 질적 연구에만 의존하여 역사적 사실을 서술하는 방식도 한계가 있다. 이러한 연구는 제한된 문헌의 틀 안에서만 머물러, 장기간의 연속적인 분석보다는 단기간의 분절적인 탐구에 매몰될 여지가 있고, 장기간의 다양한 역사적 현상을 충분히 이해하는 데 제약이 있다(이상국, 2016). 또한 모든 질적 연구가 항상 새로운 결과를 도출하는 것은 아니듯이, 디지털 기술 기반 연구가 반드시 기존 연구와 완전히 다른 새로운 것을 제시해야 하는 것은 아니다. 그러므로 디지털 기술이 역사학의 근본적인 전환점을 가져올 것이라는 맹목적인 기대나, 반대로 지나치게 거부하는 비관적 시각도 경계해야 한다(권윤경, 2018).

인공지능 시대의 역사학으로

역사학은 문자와 기록의 이용이 소수의 특권층에서 다수의 대중으로 확대되고, 디지털화와 인터넷의 발달로 공간적 제약이 사라지면서 빠르게 발전해 왔다. 역사학의 역사에서 여러 중요한 전환점이 있었지만, 변함없는 사실은 역사를 기록하고 해석해 온 주체가 인간이었다는 것이다. 특히 방대한 기록의 생산과 이에 대한 접근의 혁신적 변화를 이끈 디지털과 인터넷 시대에도 인간은 역사를 깊이 이해하고 해석하는 주도권을 잃지 않았다.

그런데 인간의 독점적 지위에 도전하는 중대한 사건이 일어났다. 2022년 11월, 미국 샌프란시스코에 본사를 두고 있는 오픈AI(OpenAI)사는 대형 언어 모델 기반(LLM) 대화형 인공지능 챗지피티(chatGPT)를 출시했다. 챗지피티는 출시 석 달 만에 사용자 2억 명을 돌파해 역대 가장 빠르게 성장하고 있는 인터넷 서비스로 평가받고 있다. 오픈AI사마저 사람들의 뜨거운 반응에 놀라워했다고 한다. 도대체 어떤 점이 이토록 뜨거운 반응을 이끌어 낸 것일까?

챗지피티는 인간의 고유 영역이라고 간주하던 다양한 분야에서 탁월한 능력을 보여 주고 있다. 짧은 시간 안에 시와 단편소설을 쓰고, 작사와 작곡을 하며, 그림을 그리며 영상을 만든다. 단순히 모방 차원을 넘어 창의적인 결과물도 내놓는다. 미국 경영대학원(MBA)의 시험에 응시해 "챗지피티는 설명력이 특히 뛰어났고 사람이 정답에 대한 힌트를 주면 이를 수정하는 것도 탁월했다"라는 평가와 함께 좋은 학점을 얻었다. 미국 대학 입학 자격시험(SAT)과 미국 변호사 시험에서 상위 10% 이내의 성적을 냈으며, 미국 의사면허 시험(USMLE)과 미국 로스쿨 시험도 통과했다(이덕주 외, 2023).

문학, 예술, 법학, 의학 등 인간의 지적 영역에서 그 능력을 유감없이 발휘한 인공지능은 사실 일상생활과 교육, 그리고 산업계 전반에서 이미 유용하게 활용되고 있다. 사람들은 인공지능을 활용해 단순 작업을 효율적으로 대체해 인간의 노동 부담을 줄이고 있다. 인공지능은 인간이 피로, 주의력 결핍, 감정의 영향 등으로 범하는 오류에서 벗어난다. 또 인간의 감정 노동을 대체하기도 한다. 인공지능은 고의로 불합리한 요구를 하거나 스트레스를 유발하는 고객들에게 스트레스나 감정적 대응 없이 일관된 서비스를 제공할 수 있다. 인공지능은 자동차 운전에서 인간의 조작 없이 자율주행도 가능하게 하며, 금융 분야에서 대규모 거래 데이터를 실시간으로 분석해 시장의 방향성을 예측하고, 언어 분야에서 다양한 국가의 언어를 실시간으로 번역하며, 환경 모니터링과 재해 대응 분야에서도 그 역할을 다하고 있다(박수용, 2024).

하지만 챗지피티의 놀랄 만한 능력으로 인해 인간의 고유 영역이 침해될 것이라는 위기감이 고조되고 있다. 인공지능이 단순노동과 전문직을 대체하면서 관련 분야 노동자들의 실업이 주요 사회 문제로 대두되고 있으며, 인공지능의 활용에 따른 윤리적인 문제도 제기된다. 인공지능을 활용한 의료 진단 시스템이 오진하게 되거나, 자율주행 자동차가 사고를 일으켰을 때, 그 책임 소재가 분명하지 않다. 개인정보 오남용의 위험성도 높아지고 있다. 인공지능이 적재된 스마트 스피커와 같은 기기가 개인의 사생활을 침해하거나 개인정보를 무단으로 수집하는 문제 또한 발생한다. 여기에 인공지능이 학습한 데이터가 부적절한 내용을 포함하고 있으면, 인간 사회의 잘못된 가치관을 그대로 이어받아 예기치 못한 결과를 초래할 수 있다(박수용, 2024). 이러한 문제점이 예견됨에도 마이크로소프트, 구글, 메타, 엔비디아, 네이버, 카카오 등 국내외의 굴지의 기업들은 미래의 먹거리로서 인공지능의 가능성에 주목하고 더 발전된 모델 개발에 박차를 가하고 있어, 챗지피티로 촉발된 인공지능 시대는 더 확장되고 있다.

문제의 핵심은 단순노동에서부터 사유가 필요한 고도의 전문성이 필요한 영역에 이르기까지 인공지능이 인간을 빠르게 대체하고 있다는 점이다. 디지털과 인터넷 시대에 디지털 기술과 인터넷은 빠른 검색을 통해 인간이 원하는 정보를 제공해 주는 인간 활동의 보조 기기였다. 하지만 인공지능은 단순히 보조 기기 역할에만 머무르지 않는다. 생성형 인공지능은 인간과 대화하고, 다종다양한 인류의 언어로 기록된 지식을 학습하여 인간에게 단순히 정보를 제공하는 차원을 넘어 완벽한 문법으로 답변한다. 답변이 마음에 들지 않아 또 다른 고려 사항을 제시했을 때, 생성형 인공지능은 더 나은 답변을 제공한다. 인류는 처음으로 대화가 가능한 새로운 '피조물'과 마주한 것이다.

인공지능이 점점 더 많은 분야에서 우리의 삶에 깊숙이 자리 잡게 되면서, 역사의 기록, 수집, 그리고 해석 방식도 새로운 국면을 맞이하고 있다. 우선, 인공지능 시대 기록의 수집은 더 수월해지고 효용도 향상될 것이다. 역사 기록이 디지털화되었다고 해서 관련 정보를 모두 수집할 수 있는 것은 아니었다. 현재 인류가 생산한 90%의 데이터가 무엇인지 정확히 모른다고 한다(황정호, 2023). 달리 말하면 10% 이외의 데이터를 활용하기 위해서는, 방대한 자료의 바다에서 원하는 정보를 추출하는 지능형 정보 추출 기술이 필요하다. 인공지능은 이 역량을 갖추고 있다. 특히 각 처에 흩어져 있는 동일 사건의 정보를 모두 추출하는 데 매우 유용하다. 예를 들어 조선시대 호적에서 인물과 가계의 생애 데이터를 추출한다고 하자. 조선시대에는 3년마다 전국 단위의 호구조사를 했는데, 각 호적에 기재된 인물과 호의 순번이 기록될 때마다 다르다. 그리고 어느 해 조사에서 기록된 인물이 그다음에는 빠져 있고, 없었던 호가 새로 등장하기도 한다. 지금까지 역사학계에서는 3년마다 작성된 호적들을 연구자 스스로 하나하나 대조해 동일한 인물과 호를 찾아냈다. 또 이름이나 주호, 직역, 간지, 조상 등의 정보를 활용해 인물과 호를 일치하는 프로그램을 개발하기도 했다. 하지만 이러한 시도는 많은 시간과 비용을 유발하며, 개발한 프로그램이 오류를 일으켜 원하는 결과를 얻지 못했다.

하지만 인공지능은 호적 내에서 인물과 호를 찾아 연결하는 데 시간과 비용 등 작업의 효용성을 극대화한다. 인공지능의 버트(BERT)나 지피티2(GPT2) 모델을 사용하여 호적을 학습하게 하고, 학습의 결과로 동일해 보이는 후보들을 찾아내 최종적으로 동일한 인물, 호, 가계를 확정하는 것이다. 호적 정보뿐만 아니라 『조선왕조실록』, 『비변사등록』, 『승정원일기』, 족보, 문집류 등에 흩어져 있는 인물이나 혈연, 혼연, 관연, 학연, 지연 등 정보를 수집해, 동일한 인물의 생애와 가계 정보를 구축할 수 있다. 방대한 역사 빅데이터가 구축되고 있는 상황에서 인공지능은 역사 기록의 수집 과정에서 놀랄 만한 능력을 발휘할 수 있다.

인공지능은 수집한 데이터를 분석하고 해석하는 데도 매우 유용하게 사용될 수 있다. 수천, 수백만 건에 이르는 문서와 자료를 순식간에 분석하고, 그 속에서 일정한 패턴을 찾아낼 수 있다. 인공지능은 이미 기원전 6세기에서 3세기까지 러시아 남부 초원 지대에서 활동했던 기마민족인 스키타이인의 무덤을 찾아냈고, 17세기부터 300여 년간 잠자고 있던 편지의 비밀을 밝혀내고, 고대 설형문자가 새겨진 점토판을 자동 전사·판독할 수 있게 되었다(윤영주, 2021). 인공지능은 과거에 미처 알지 못했던 사실들을 발굴해 분석하는 데 이미 활용되고 있다.

역사학의 가장 중요한 과정인 해석 영역에서도 인공지능은 그 역량을 유감없이 발휘할 수 있다. 학습한 데이터를 기반으로 패턴을 발견하고, 이를 통해 역사적 사실에 대해 해석한다. 하지만 자료 수집과 분석 과정과는 달리 인공지능의 해석은 고려해야 할 요소들이 있다. 우선 인공지능은 주로 데이터를 분석하여 빈번하게 등장하는 요소들을 추출하는데, 이 과정에서 역사 속 인물들의 생생한 경험이 온전히 반영되지 못한다. 더 나아가 인공지능이 특정 목적에 의해 조작된 정보를 학습할 경우, 편향된 해석을 제시할 위험이 있다. 실제로 인공지능이 부정확하거나 무의미한 정보를 생성하는 '환각 현상(artificial hallucinations)'이 자주 발견되며, 이러한 잘못된 정보를 인공지능이 다시 학습해 더 큰 오류를 불러올 수 있다.

또 인공지능은 사건을 개별적인 시각에서 다루기보다는 학습된 데이터를 바탕으로 일반화된 사실로 정리하려는 경향이 있다. 이에 따라 사건의 다양한 관점과 복잡한 원인이 간과되거나 단순화될 위험이 존재한다. 더욱이 챗지피티와 같은 생성형 인공지능은 통계학적 추론을 통해 정보를 학습하고 글을 작성하는 과정에서 독창적이지 못하거나 구체적인 사실을 소홀히 다룰 수 있다. 이에 따라 포괄적이고 추상적인 표현이 반복되며, 기존의 일반적인 생각이 재생산될 가능성이 높아진다. 여기에 문장 구조와 어휘의 반복, 감정과 공감 표현의 부족도 문제로 지적된다. 인공지능의 해석은 학습한 역사적 사실에 포함된 다양성이 희석되고, 일반화된 관점으로 수렴될 가능성이 크다.

인공지능이 역사학에 장밋빛 미래만을 제공하는 것은 아니며, 기록을 생산하고 자료를 수집하며 역사적 사건을 해석하는 과정에서 여전히 한계와 문제점을 드러내고 있다. 그럼에도 현재 인공지능 기술의 발전 속도를 고려할 때 이러한 문제들은 가까운 미래에 점차 해결될 것이며, 인공지능의 영향력은 다른 분야와 마찬가지로 역사학에서도 확대될 것이다.

인공지능이 바꿀 역사학의 미래를 예견하기는 어렵

다. 하지만 역사학은 이전 어느 시대와 질적으로 다른 "인류는 어디로 가고 있는가?"라는 질문에 대답해야 한다. 인공지능이 역사학의 발전에 이바지할 바가 현재로선 무궁무진하다. 역사학은 인공지능에 의해 만들어질 미래를 수동적으로 받아들이기보다는, 인공지능의 발전에 적극적으로 참여해 그 기술을 활용한 한 차원 다른 역사학의 미래를 설계해야 한다. 이제 인류는 여전히 역사학의 주체로 남을 것인지 아니면 단순히 소비자로 전락할 것인지, 그 선택의 갈림길에 서 있다. 역사학이 전환점마다 역사 자체에서 그 해결의 실마리를 찾았듯 역사학의 본질로 돌아갈 필요가 있다. 여기서부터 역사학과 인공지능의 통섭 방안을 탐구하는 여정을 시작해 보자.

참고문헌

구본권(2024.1.22). 이과 쏠림...AI 발달로 가장 큰 타격 받는다. 한겨레, https://www.hani.co.kr/arti/economy/it/1125327.html#cb

권윤경(2018). 새로운 문필공화국을 향하여: 18세기 프랑스사 연구와 디지털인문학의 사례들. ≪역사학보≫, 240.

박수용(2024.1.29). 인공지능의 현재와 미래. ifs POST, https://www.ifs.or.kr/bbs/board.php?bo_table=News&wr_id=53898

윤영주(2021.6.20). 인공지능(AI)으로 고고학 '신세계' 열릴까.

AI타임스,
https://www.aitimes.com/news/articleView.html?idxno=138956
이덕주·황순민·김대은 외(2023.1.26). 전문직 위협하는 챗GPT … 美의사·면허로스쿨 시험도 통과. 매일경제. https://www.mk.co.kr/news/it/10619670
이상국(2016). Conditions and potentials of Korean history research based on 'big data' analysis: the beginning of 'digital history'. *The Korean Journal of Applied Statistics,* 29(6).
이상동·박충식(2020). From Data to Agents: 한국 디지털 역사학의 현주소와 AI 시대의 역사학. ≪이주사학회≫, 22.
정일영(2016). 빅데이터를 '다루는' 역사학을 위하여. ≪역사연구≫, 31.
최선아(2017). 문인지식층과 출판문화에 대한 연구-한국과 유럽의 비교사적인 관점을 중심으로-. ≪湖西文化論叢≫, 26.
황정호(2023.11.16). 김대식 카이스트 교수 "생성형 AI시대, '대화형' 인터페이스의 등장, 폼펙터의 변화도 이어질 것". ≪인사이트 42≫,
https://www.tech42.co.kr/김대식-카이스트-교수-생성형-ai-시대-대화형-인/
金諍(1990). 『科擧制度與中國文化』. 上海人民出版社. 김효민 옮김(2003). 『중국 과거 문화사』. 동아시아.
Diamond, J.(1997). *Guns, Germs, and Steel: The Fates of Human Societies.* Norton. 김진균 옮김(2005). 『총, 균, 쇠-무기, 병균, 금속은 인류의 운명을 어떻게 바꿨는가』(개정증보판). 문학사상.
Ghassemi, et al.(2023.11). "ChatGPT one year on: who is using it, ho and why?". *Nature,* 624.
Raphael, L.(2006). *Klassiker der Geschichtswissenschaft.* C.H. Beck. 이병철 옮김(2015). 『역사학의 거장들 역사를 말하다』.

한길사.

01
문자에서 숫자로: 기록의 진화

디지털 시대 인간이 기록한 문자가 컴퓨터 언어인 디지털 숫자로 전환되면서 역사 연구에 혁신이 몰아치고 있다. 이 기록의 진화가 갖는 역사학적 의미를 설명한다.

AI와 1인 창업?

역사학의 재원, 사료

역사학은 사료의 학문이다. 사료를 바탕으로 인물과 사건의 진상을 추적하고, 과거의 역사적 사실을 복원한다. 사료 기반 없는 역사학은 학문으로서 그 지위를 보장받지 못한다. 따라서 역사학에서 사료의 중요성은 절대적이며, 사료의 신뢰성과 해석은 역사 연구의 성패를 좌우한다.

사료는 그 자체의 역사적 과정을 통해 작성된다. 기록 당시의 정치, 경제, 사회, 사상, 문화적 맥락이 기록자의 시점으로 기록되어 있다. 우리가 잘 알고 있는 『조선왕조실록』은 조선 건국자인 태조에서부터 철종에 이르기까지 25대 왕 472년간의 역사적 사실이 기록되어 있다. 『조선왕조실록』은 기록의 공정성과 객관성에서 매우 높은 평가를 받고 있다. 그것은 실록의 작성 과정에서 확인된다. 실록의 작성은 왕의 사후 실록청을 설치하는 것에서부터 시작된다. 실록청의 총책임자인 총재관에는 일반적으로 삼정승 가운데 한 사람이 임명되며, 대제학과 당대 최고의 문장가들이 당상과 낭청에 임명된다. 이들은 사관에 의해 작성된 왕의 통치 행위와 관련된 모든 기록인 사초를 수집해 왕의 재위 연도에 따라 분류한다. 분류한 사초를 바탕으로 왕의 재위 기간의 연월일 순서, 즉

편년체 형식으로 1차 원고인 초초(初草)를 작성한다. 다음, 초초에서 잘못된 부분을 수정하고 필삭을 가하여 2차 원고인 중초(中草)를 작성한다. 중초를 최종 교열하여 최종 원고인 正草(정초)를 작성하는데, 이것이 우리가 현재 접하는 실록이다(신석호, 1982).

사료는 해석의 결과물이다. 해석에는 기록자의 관점과 세계관이 담겨 있다. 기록자는 역사적 사건에 대해 고유의 성찰과 사유에 기반해 해석한다. 그러므로 역사적 사건은 시대에 따라 그리고 기록하는 역사가에 따라 다양한 형태로 조형될 수밖에 없다. 이 점은 『조선왕조실록』이 처음 작성되던 시점에 치열하게 논의되었다. 『태조실록』은 태종 대에 편찬되었는데, 처음으로 실록을 편찬하는 과정은 순탄하지 않았다. 논점은 태조 대를 경험했던 신하들이 생존한 상황에서 당대사인 『태조실록』을 편찬하는 것이 가능한 것인지 아닌지였다. 당대사 편찬의 찬성론자인 하륜의 논리는 다음과 같다. 태조에 대한 모든 일이 사관에 의해 전부 기록되지 않았으므로 늙은 신하들이 살아 있을 때 사관이 모르는 일까지 기록할 수 있다. 사관의 기록과 늙은 신하들의 경험담이 합쳐져야 완전한 사실을 기록할 수 있다는 것이다. 이에 대해 송포나 이제 등은 당대를 살았던 사람들이 자신들에게 불리한 사건을 올바르게 기록할 수 없다는 논리를 펴고 있다. 결국 하륜의 주장이 받아들여져 『태조실록』은 당대사로 작성되었고, 이는 실록 작성의 원칙이 되었다.

사료는 그 자체의 역사성을 지니며, 사건에 대한 다양한 성찰과 사유의 결과물이다. 이에 따라 사료에는 인간 군상의 복잡하고 다양한 정보가 집약되어 있다. 그러나 사료에는 의도적 왜곡이나 잘못 인식된 정보가 포함될 가능성도 높다. 따라서 사료에 접근할 때는 사료 비판이 필수적이다.

서양에서 '역사의 아버지'로 평가받는 헤로도토스(Herodotos)의 『역사』는 문학적인 표현과 양식으로 인해 비판을 받았다. 투키디데스(Thucydides)는 헤로도토스의 『역사』를 진실보다는 '사람들을 즐겁게 하기 위한 글'이라고 비판했으며, 키케로는 이를 '거짓된 이야기'라고 조롱하기도 했다(김봉철, 1995). 그럼에도 헤로도토스는 판단의 근거가 있는 사실에 대해서는 해석을, 판별할 수 없는 사실에 대해서는 있는 그대로 전달하는 것을 서술의 기본 원칙으로 삼았다. 즉 헤로도토스는 사료 비판의 전형을 제시한 셈이다.

역사학에서는 사료의 표면적인 내용뿐만 아니라 그 이면에 숨어 있는 의미도 깊게 탐구하는 것이 중요하다.

사료에 대한 비판적 접근은 역사 연구에서 필수 요소로 자리 잡았으며, 이는 19세기 랑케의 실증적인 역사학으로 발전했다. 역사학은 사료의 행간을 읽어 내어 객관적 사실에 접근하는 노력을 끊임없이 기울여 왔다.

문자 사료에서 디지털 숫자로

자구 하나하나를 분석하고 행간의 의미를 탐구하는 질적 연구방법론은 역사학의 주요한 연구 방법으로서 그 지위를 공고히 해 왔다. 사료의 특성을 고려할 때 질적 연구방법론은 역사학에 가장 적합한 연구방법론이었다. 하지만 방대한 정보가 무한히 팽창하는 디지털과 빅데이터 시대가 도래하면서, 질적 연구방법론은 그 본질과 유효성에 대한 근본적인 도전에 직면하게 되었다. 폭발적으로 증가한 디지털화된 사료의 정보를 질적 연구방법론으로 분석하는 데는 한계가 있을 수밖에 없다. '역사 빅데이터'로 인해 역사 연구의 질적 전환을 강요받기에 이른 것이다.

'역사 빅데이터'의 구축은 1999년 전후 시작된 역사 자료의 전산화 사업에 의해 본격화되었다. 기존에는 연구자가 책에 담긴 활자화된 자료를 하나하나 읽어 가며 필요한 근거를 찾아내는 방식이 일반적이었다. 그러나 민간에서 『국역 조선왕조실록』 시디롬(CD-ROM)에 이어 『삼국사기』, 『고려사』 등 한국사 연구의 기초 사료들의 전산화가 이루어진 이후, 이제는 관심 있는 키워드를 전산화된 시디롬에 입력해 대규모로 다양한 관련 사료를 신속하게 검색하고 선택할 수 있게 되었다. 이에 따라 사료 읽기에 들던 시간을 절약할 수 있으며, 장기 시계열 자료의 수집을 통해 역사적 사건의 장기적인 추세를 분석할 수 있는 기회가 마련되었다. 이후 정부 차원에서 이루어진 역사 자료의 디지털화 사업은 역사 연구에 본격적인 디지털과 빅데이터 시대를 앞당겼다. 2000년 9월 정보통신부의 지식정보자원관리 기본계획에 따라 '한국역사정보통합시스템 구축사업'이 시작되었고, 국사편찬위원회, 서울대 규장각, 한국고전번역원, 한국학중앙연구원 등이 참여하는 통합 검색 시스템인 '한국역사정보통합시스템'이 구축되었다. 이후 한국연구재단의 기초연구지원사업 등으로 한국사 관련 사료의 전산화 규모가 확대되었고, 호적, 족보, 지방지, 문집류 등의 방대한 데이터가 축적되어 '역사 빅데이터'라 불릴 만한 수준에 이르렀다(이상국, 2016).

이렇게 구축된 '역사 빅데이터'는 초반에는 역사학계보다 데이터 과학 분야에서 더 활발하게 활용되었다. 삼국시대 왕을 중심으로 한 인물 네트워크를 분석해 통치 방식을 도출하거나(정진수 · 김학용, 2011), 족보의 본관 정보를 통해 혼인의 지리적 이동성을 추적하는 연구(Lee et al., 2014) 등이 대표적이다. 이들 연구는 역사학계에 '역사 빅데이터'를 활용하는 네트워크나 시각화 분석 등 양적 분석방법론을 선구적으로 제시했다는 점에서 높은 평가를 받을 만하다. 동시에 이들 연구는 사료의 역사성과 해석에 대한 고려 없이 '역사 빅데이터'를 단순히 데이터 과학으로만 접근해서는 안 된다는 교훈을 주었다. 즉 디지털과 인공지능 시대에 '역사 빅데이터'의 활용에서 가장 중요한 요소는 역사 연구의 기본, 즉 사료의 역사성과 사료 비판이라는 점을 상기해 줬다.

사료의 역사성과 사료 비판은 '역사 빅데이터'의 활용에서도 기본 전제가 되어야 한다는 점은 빅데이터와 디지털 시대 연구자들에게 큰 도전이 아닐 수 없었다. 더군다나 질적 텍스트의 양적 데이터로의 전환은 또 다른 장애물이다. 복잡계의 특성을 갖는 역사 사료의 내용과 의미를 숫자로 온전히 전환하기 어려우며, 연구자가 원하는 결과를 얻기 위해 의도적으로 왜곡할 가능성도 있다. 이 과정에서 역사학에서 가장 중요한 시간이 비역사적 개념으로 변질될 가능성도 항상 존재한다(Issac &

Griffin, 1989).

그런데도 연구자들은 역사 사료의 서사 자료(narrative data)를 컴퓨터가 읽을 수 있는(machine readable) 양적 정보(quantifiable information)로 전환하려는 노력을 계속했다. 이 과정에서 텍스트의 내용과 의미에 최대한 근접하게 코딩하는 것이 주요한 과제로 떠올랐다. 인간의 문자가 컴퓨터 언어인 숫자로 전환되면서, 역사 연구에서 디지털 기술 도구가 차지할 공간이 마련된 것이다. 그 공간에서 인간은 기록의 진화를 목격하고, 그 진화된 형태인 숫자를 새로운 연구 재원으로 받아들여야 할 상황에 놓여 있다. "모든 것은 수이다"라고 한 피타고라스의 말을 위안 삼으면서 말이다.

참고문헌

김봉철(1995). 헤르도토스의 『역사』의 사료비판 사례. ≪서양고전학연구≫, 9.

신석호(1982). 학문의 발전과 편찬사업. 『한국사론』 11. 국사편찬위원회.

이상국(2016). '빅데이터' 분석 기반 한국사 연구의 현황과 가능성: 디지털 역사학의 시작. ≪응용통계연구≫, 29(6).

정진수·김학용(2011). 고구려, 백제, 신라 왕조실록 인명 네트워크 분석. ≪한국콘텐츠학회논문지≫, 11(5).

Issac, L. W. & Griffin, L. J.(1989). Ahistoricism in Time-Series

Analyses of Historical Process: Critique, Redirection, and Illustrations from U.S. Labor History. *American Sociological Review*. 54(6)

Lee, S. H., et al.(2014). Matchmaker, matchmaker, make me a match: migration of populations via marriages in the past. *Physical Review X*, 4(4).

02
숫자에서 데이터로: 빅데이터의 수치화

피타고라스학파는 모든 현상을 수로 설명할 수 있다고 믿었다. 오늘날 빅데이터 시대의 역사 연구에서도 정보의 수치화 작업은 필수적이다. 정형 데이터는 고정된 형식, 비정형 데이터는 텍스트 마이닝으로 처리된다. 수치화는 인과관계나 패턴을 분석해 역사적 사건을 해석하며, 인공지능을 활용한 새로운 통찰을 가능하게 한다.

AI와 MBTI?

수치화 과정

기원전 6세기, 피타고라스와 그의 제자들은 모든 사물과 현상이 수학적인 숫자로 설명될 수 있다고 생각했다. 피타고라스학파는 우주의 본질이 수에 있으며, 모든 만물은 숫자적 관계를 통해 설명될 수 있다고 믿었다. 방대한 역사 빅데이터에서 어떻게 원하는 정보를 추출할 수 있을까? 복잡계의 성격을 갖는 역사 빅데이터의 정보를 어떻게 수로 나타낼 수 있을까? 추출한 정보를 수로 나타낸다면 어떤 효용성과 가치가 있을까?

역사적 사실을 수치화하기 위해서는 역사 빅데이터에서 해당 정보를 추출해야 한다. 이를 위해서는 역사 빅데이터의 특성을 파악하는 것이 중요하다. 역사 빅데이터는 데이터의 구조화 정도와 관리 방식에 따라 정형 데이터(structured data)와 비정형 데이터(unstructured data)로 구분할 수 있다. 정형 데이터는 고정된 형식과 구조를 가진 데이터이며, 비정형 데이터는 고정된 구조가 없는 데이터다(이상국, 2022). 우선 정형 데이터는 한국학중앙연구원에서 제공하는 문과방목이나 사마방목, 성균관대학교 대동문화연구원에서 제공하는 경상도단성현호적대장과 대구부호적대장 등이다. 이들 데이터는 고정된 형식과 구조를 가지는데, 행과 열로 나뉜 데이터베이스의 테이블이 그 사례다. 또 개인 연구자들이 족보 등을 각자가 정한 형식과 구조에 맞춰 입력한 것도 정형 데이터의 일종이라고 할 수 있다.

비정형 데이터에는 『고려사』, 『고려사절요』, 『조선왕조실록』, 『비변사등록』, 『명현집』, 『묘지명』 등이 있다. 비정형 데이터는 일정한 형식과 구조가 없이 텍스트 형식으로 되어 있기 때문에, 필요한 정보를 추출하기 위해서는 자연어 처리(NLP)와 기계 학습(ML) 텍스트 마이닝 프로그램이 필요하다. 텍스트 마이닝 프로그램의 작동 과정은 다음과 같다. 우선 텍스트 전처리를 시행한다. 텍스트를 단어 또는 구로 분리하는 토큰화(tokenization), 의미가 적은 단어를 제거해 중요한 정보만 남기는 불용어 제거(stopword removal), 표제어 추출이나 어간 추출, 일관된 형식으로 텍스트를 변환하는 정규화 과정이 있다. 이를 바탕으로 텍스트의 특징을 추출하거나 문서에 숨어 있는 주제들을 발견하거나 텍스트를 요약한다. 특히 텍스트 요약에는 중요한 문장을 원문 그대로 출력하는 추출 요약과 원문 내용을 바탕으로 새로운 문장을 만들어 내는 생성 요약 기능이 있다. 생성 요약의 예가 챗지피티와 같은 생성형 인공지능 모델이다. 최근에는 인공지능 기반 텍스트 마이닝 도구들이 출시되고 있는데, 파

이선 기반의 자연어 처리 라이브러리인 NLTK(Natural Language Toolkit), 대규모 데이터셋 최적화된 자연어 처리 라이브러리인 스페이시(spaCy), 구글이나 오픈 AI(OpenAI)에서 개발한 딥러닝 기반 자연어 처리 모델인 버트(BERT)나 지피티(GPT, Generative Pre-traned Transformer) 등이 있다.

여기에 한국사 텍스트에 최적화된 AHTA(Ajou Historical Text Analyzer)와 같은 텍스트 마이닝 프로그램도 개발되었다. AHTA는 아주대학교 디지털역사연구센터에서 개발한 텍스트 마이닝 프로그램으로, 대규모 텍스트로부터 필요한 정보뿐만 아니라 해당 사건에 관계되는 필수 요소들까지 자동으로 추출하여 테이블에 저장한다. AHTA는 자바(JAVA)로 구현한 지능형 인터프리터로서, 1) 형태소 분석기, 2) 미리 구축된(인명, 관직명, 지명) 사전(dictionaries) 정보 기반 구문 분석기, 3) 의미 태거(semantic tagger), 4) 언어처리 결과를 지식 체계(ontology)로 전환하는 출력부로 구성된 자연언어처리 시스템이다. 대규모 텍스트를 처리하고 실시간으로 바로 결과를 검출해 낼 수 있으므로 『조선왕조실록』과 같은 방대한 텍스트 데이터를 처리하는 데 드는 시간과 인력을 대폭 감축할 수 있다. 비정형 데이터 정보를 AHTA

가 정의한 데이터 모델에 따라 정형 데이터로 전환하게 된다.

수치화 방식

다음, 텍스트 마이닝 프로그램을 활용해 추출한 정보를 수치화하는 시도를 진행한다. 이러한 수치화가 가능하다면, 인간 세계의 복잡한 관계를 숫자로 표현함으로써 전통적인 역사 사료의 축적 및 생산 방식뿐만 아니라 정보의 양과 접근성에서도 큰 변화를 불러올 수 있다. 수치화를 위해서는 정보의 특성을 정확히 파악하는 것이 중요하다.

먼저, 정보는 그 특성에 따라 다양한 범주로 나뉘며, 각 범주에 숫자를 부여해 고유한 특성을 구분한다. 이때 숫자는 정수나 실수처럼 수치적인 의미를 갖지 않고 고유한 집단이나 범주를 나타낸다. 예를 들어 한 사회의 특정 시기에 노예제도 채택 여부, 종교적 박해 여부, 특정 전쟁 참전 여부, 혼인 여부 등을 두 가지 범주로 나눈다면 이를 0과 1로 나타낼 수 있다. 여기서 0은 '없음', 1은 '있음'을 의미한다. 성별 역시 0은 남성, 1은 여성을 지칭할 수 있으며, 0을 여자로, 1을 남성으로 설정할 수도 있다. 숫자의 설정은 상황에 따라 달라질 수 있다.

세 가지 이상의 범주로 나누는 경우에도 각각에 숫자를 부여할 수 있다. 예를 들어, 종교를 가톨릭, 개신교, 이슬람교, 유대교, 불교로 구분할 때, 각각을 1, 2, 3, 4, 5로 나타낼 수 있다. 한국사 사료에서 신분을 양반, 중인, 평민, 노비로 나눈다면, 각각 1, 2, 3, 4로 부여하면 된다. 이때 숫자의 순서는 의미를 갖지 않으므로, 가톨릭을 2로, 노비를 1로 해도 문제가 없다. 그러나 숫자의 순서를 지켜야 하는 경우도 있다. 예를 들어 교육 수준을 유치원, 초등학교, 중학교, 고등학교, 대학교, 대학원 순으로 나눈다면, 이를 1, 2, 3, 4, 5, 6으로 표현해야 한다. 이때 대학교를 5가 아닌 다른 숫자로 나타내면 순서의 의미가 달라진다. 군대 계급도 이와 유사하다. 병사, 하사, 장교, 장군을 1, 2, 3, 4로 나타내는 경우 순서가 바뀌면 의미가 달라진다. 조선시대 관품 또한 같은 예다. 관직의 서열을 정1품에서 종9품까지 18단계로 나누었는데, 정1품은 1, 종1품은 2, 정2품은 3으로 부여하여, 종9품은 18로 나타낼 수 있다.

다음, 역사 빅데이터에는 수치로 나타낼 수 있는 정보도 포함된다. 이러한 수치는 정수나 실수와 같은 수학적 의미를 지니며, 값 간의 차이를 측정할 수 있지만, 절대적인 '0'의 유무에 따라 특성이 달라진다. 예를 들어 연도와 온도는 값 간의 간격이 동일하지만, 0은 절대적인 시작점을 의미하지 않는다. 1500년과 1600년 사이의 100년 간격은 1600년과 1700년 사이의 간격과 동일하지만, 연도에서 0은 절대적인 기점을 나타내지 않는다. 반면에 0이 절대적인 의미를 가지는 정보도 있다. 특정 시기의 도시나 국가의 인구가 그 예다. 인구가 0이 될 수 있으며, 이는 인구가 없음을 의미한다. 중세나 고대의 재정 자료, 예를 들어 수입과 지출, 혹은 국가의 면적 또한 이와 유사하게 해석될 수 있다.

적용 사례

전통적인 역사 서술은 시간순으로 배열하고, 객관적 진실에 접근하기 위해 인관 관계와 논리성을 중시한다(이영석, 2001). 반면, 역사 빅데이터의 정보를 수치로 전환하면, 기존의 서사적 접근 방식과는 다른 시각에서 역사적 사건을 분석할 수 있다. 수치 데이터를 분석해 사건들 사이의 인과관계나 패턴을 발견하며, 개별 사건이 아닌 전체적인 흐름이나 경향성을 파악한다.

1919년에서 1922년까지 이탈리아에서 일어난 역사적 파업을 분석한 연구에서는, 신문에 실린 시위 관련 서사 자료를 행위자-행위-대상(actor-action-object)으로 구조화하고, 각 사건의 역학 관계를 분석하였다. 여기서 행위자는 시위에 참여한 주요 인물이나 단체를 의미하는데, 노동자를 1, 정부를 2로 코딩했다. 행위는 시위나 폭동, 법적 조치 등을 의미하는데, 시위를 1, 체포를 2로 수치화했다. 그리고 대상은 그 행위의 대상이 되는 사람이나 기관을 의미하는데, 경찰을 1로, 정부 건물을 2로 전환했다. 이를 통해 전통적인 질적 분석이 놓칠 수 있는 패턴을 발견했다(Franzosi, 2004).

한국에서 현전하는 가장 오래된 족보인 『안동권씨성화보』를 분석해 고려에서 조선으로 전환기 엘리트 가문 간의 혼인 네트워크의 시기별 특징 및 그 패턴을 살핀 연구도 있다. 이 연구에서는 족보에 나타난 인물과 인물 간의 정보를 수치화했다. 즉, 각 인물의 고유 ID를 설정해 족보 데이터에서 혈연 및 혼인 관계를 추적할 수 있도록 했다. 개인 ID 코드 부여 원칙은 '자는 부의 코드를 갖는다'이다. 일례로 개인 ID 코드가 111412라면 이는 해당 가문의 6대손이며 부의 ID는 11141, 그의 첫 번째 자식은 1114121이 된다. 마지막 자리의 숫자는 자식의 순서를 나타낸다. 개인 ID를 바탕으로 인물 간 혈연이나 혼인 관계를 추적해 시기에 따른 혼인 네트워크의 특성을 살펴볼 수 있다. 그 결과, 연구는 고려 후기에서 조선 초기, 왕조 교체기에 엘리트 가문은 그들 간의 혼인 네트워크를 더 강화해 가는 패턴을 밝혔다(Lee & Lee, 2017).

역사 빅데이터는 정보의 보고이며, 그 활용 방식에 따라 쓰임새는 무한히 확장될 수 있다. 특히 수치화는 인공지능 시대 역사 연구에서 매우 중요한 작업이다. 인공지능은 주로 숫자의 모임인 벡터로 표현된 데이터를 입력으로 받아 학습하고 예측을 수행하며, 패턴을 인식하고 복잡한 관계를 분석하여 새로운 통찰과 예측을 제공한다. 정보의 수치화는 인공지능 시대에 전통적인 역사학의 지식 축적과 생산 방식에 혁신을 불러일으킬 것이다.

참고문헌

이상국(2022). 한국사 연구학 디지털역사학 연구방법론-양적분석을 중심으로. ≪한국사연구≫, 197.

이영석(2001). 디지털 시대의 역사학, 긴장과 적응의 이중주. ≪영국연구≫, 5.

Franzosi, R.(2004). *From Words to Numbers*. Cambridge University Press

Lee, S. & Lee, W.(2017). Strategizing marriage: A genealogical analysis of Korean marriage networks. *Journal of Interdisciplinary History*, 48(1).

03
데이터에서 정보로: 의미의 탐색

브로델은 역사 연구에서 장기적 구조와 인구 변화를 수치로 분석하며, 불완전한 데이터로도 통찰을 얻을 수 있다고 주장했다. 디지털과 인공지능 시대에는 빅데이터로 장기적 패턴을 정교하게 분석할 수 있지만, 의미의 탐색을 위해서는 단순한 데이터 해석만으로는 부족하며, 맥락적 해석과 내러티브가 필수적이다.

AI와 난임 극복?

그래도 역사는 수다

페르낭 브로델(Fernand Braudel)은 역사 연구에 장기 지속의 개념을 도입하고 일상생활의 구조를 역사학의 중심 주제로 끌어올렸다. 그의 기념비적 저작 『물질문명과 자본주의』는 역사적 사건을 단기적인 변화로만 보지 않고, 장기적 구조와 일상생활의 변화를 중심으로 자본주의 발전을 설명하는 새로운 시각을 제시했다.

브로델은 연구의 출발점부터 수(數)에 주목한다. 그에 걸맞은 첫 번째 장의 제목은 '수의 무게'인데, 그 시작은 다음과 같다. "물질문명, 그것은 인간과 사물이요, 사물과 인간이다. 사물을 연구하는 것 — 즉 음식, 주거, 의상, 사치, 도구, 화폐, 마을과 도시의 틀 등 인간이 사용하는 모든 것을 연구하는 것 — 만이 인간의 일상적인 존재를 측정하는 유일한 방법은 아니다. 그러한 대지의 산물을 나누어 가지는 사람들의 숫자 역시 의미가 있다."(Braudel, 1979/1995) 그는 인간의 존재를 측정하는데, 사물을 연구하는 것 못지않게 사람들의 숫자도 중요시했다. 그에 의하면 인구는 인간의 존재를 측정하는 훌륭한 지표가 되며, 그는 이 지표만으로도 지리적 차별성이 드러난다고 주장했다. "어느 곳은 사람이 거의 없는 대륙인 반면 또 다른 곳은 이미 너무 과밀한 지역이며,

어느 곳에서는 문명(civilization)이 발달해 있고 다른 곳에서는 아직 원시적인 문화(culture)에 머물러 있다. 그것은 다양한 인간집단 사이의 결정적인 관계를 보여 준다."

브로델이 주목한 15세기에서 18세기까지 세계의 인구수는 부정확하다. 설상가상으로 그나마 남아 있는 각국의 인구 추정치 또한 균질적이지 않다. 예를 들어 중국의 경우 1735년 이전에는 세금을 담당하는 16~60세의 남자인 인정(人丁) 수를 세었고, 그 이후에는 실제 모든 사람을 파악하고자 했다. 시대에 따라 인구 파악 방식이 달랐고, 이에 따라 인구수를 추정하는 방식도 달라야 한다. '역사는 수다'라고 기세 좋게 시작한 우리는 크나큰 난관에 부닥치게 된 셈이다. 그럼에도 브로델은 부정확한 수치로 "아무것도 성취할 수 없을 것" 같지만, "시도해 볼 가치가 있는 것이다"라고 단언한다. 그는 수 정보의 정확도를 명시하면, 그것이 "모든 시험을 견뎌 낼 만큼 탄탄한 것은 아니지만 그곳에 한번 과감히 들어가 보는 데에는 진짜 큰 위험은 없다." 그리고 "모두가 틀리기도 하고 모두가 옳기도 한 이 논쟁에서 우리는 실제로 계산을 수행한 사람 편에 서려고 한다"라고 했다. 그는 인구 추정치가 없는 대륙이나 국가의 경우, "상이한 인간집단들 사이의 수치 관계는 대체로 변화 없이 유지된다"라는 가정하에 대담한 추정을 시도했다. 결국 그는 1650년에서 1950년까지 세계 인구수를 추정하고, 이를 바탕으로 장기 지속적인 생물학적 앙시앵 레짐을 만들어 냈다.

브로델의 혁신적 접근에도 불구하고, '역사는 수다'라는 선언에 대한 불안감은 여전히 존재한다. 이는 역사학에서 질적 연구방법론이 여전히 중요하게 여겨지는 이유이기도 하다. 단순히 "시도해 볼 만한 가치"가 있어 "실제로 계산을 수행"하는 것만으로는 신뢰를 얻기 어렵다. 이제 숫자에서 의미 있는 정보를 찾아 실증적이고 과학적인 역사학 연구의 본질에 다가가야 한다. "상이한 인간 집단들 사이의 수치 관계는 대체로 변화 없이 유지된다"라는 브로델의 가정을 실제 데이터로 검증하고 증명해야 한다. 이를 통해 디지털과 인공지능 시대 역사 연구가 더욱 견고한 학문적 기반을 갖추기 위한 토대를 마련할 수 있다.

맥락과 해석

브로델의 '장기 지속(Longue durée)' 개념은 사회적 · 경제적 구조가 오랜 시간에 걸쳐 큰 변화 없이 지속된다는 점을 강조한다. 이러한 구조적 지속성이 단기적 사건보다 더 중요하다는 그의 주장은 디지털과 인공지능 시대에도 매우 유효하다. 현대의 빅데이터와 인공지능 기술을 통해 우리는 과거의 장기적 패턴을 훨씬 더 정교하게 분석할 수 있게 되었으며, 이는 브로델의 이론을 새로운 차원으로 확장하는 데 이바지한다.

중세에서 근대로 이어진 유럽의 농업 경제는 브로델의 장기 지속 개념과 일치하는 중요한 사례다. 당시 농업 생산성과 인구 성장률은 서서히 변화했으며, 이러한 패턴은 산업혁명 이전까지도 큰 변동 없이 지속되었다(Grantham, 1993). 빅데이터 분석과 인공지능을 통해 우리는 과거의 통계 데이터를 활용하여 농업 생산성, 기후 변화, 인구 성장 간의 상호작용을 분석함으로써, 인구 변화와 경제 발전이 사회 구조에 미친 영향을 파악할 수 있다.

도시화 과정도 마찬가지다. 18세기에서 20세기에 이르기까지 유럽과 북미에서 도시 인구가 꾸준히 증가한 현상은 표면적으로는 단순한 인구 통계로 나타나지만, 그 배경에는 복합적인 경제적 · 사회적 요인이 작용했다(González-Val & Lanaspa, 2014). 인공지능은 이러한 요인들을 더 깊이 분석함으로써, 개별 국가나 지역의 단기적인 사건들이 전반적인 도시화 패턴과 사회 변화에 미친 영향을 보다 정확히 이해할 수 있게 한다. 14세기 흑사병으로 인한 유럽의 인구 변화는 또 다른 중요한 사례다. 단기적으로는 급격한 인구 감소를 가져왔지만, 장기적으로는 점진적인 회복세를 보였다(박흥식, 2007). 이처럼 인구 데이터 분석은 단순한 통계 이상의 의미를 제공하며, 장기적인 사회 구조 변화를 이해하는 데 중요한 통찰을 제시한다.

그러나 데이터 기반 접근에도 한계가 있다. 예를 들어 유럽의 봉건제는 단순히 경제적 데이터만으로는 완전히 이해하기 어려운 복잡한 사회적 구조다. 봉건제는 정치적 권력관계와 문화적 요인, 사회적 관습에 의해 강화되었으며, 이러한 요소들은 질적 연구와 문화적 맥락을 통해서만 온전히 분석될 수 있다. 또한 프랑스 혁명과 같은 급격한 역사적 변화는 기존의 장기적 구조를 근본적으로 뒤흔들었으며, 이러한 변화는 단순한 수치 데이터 분석으로는 충분히 설명하기 어렵다. 그러므로 인공지능을 통한 빅데이터 분석에서는 장기적인 데이터 분석과 함께 정치 · 사회적 맥락과 이에 대한 심층 해석이 필요하다.

데이터 속의 역사적 내러티브

브로델이 강조한 '수의 무게'는 단순한 숫자 이상의 의미가 있다. 수치는 과거의 구조적 변화를 보여 주지만, 그 속에서 읽어 내야 할 것은 숫자와 숫자 사이에 숨겨진 이야기다. 데이터는 역사적 사실을 드러내는 도구일 뿐 그것이 의미를 갖기 위해서는 내러티브가 필요하다. 인공지능이 방대한 데이터를 분석해 과거를 새로운 방식으로 조망할 기회를 제공하지만, 그 과정에서 역사를 살아간 사람들의 이야기를 어떻게 구성할 것인지가 관건이다.

15세기부터 18세기까지의 세계 인구 변화를 수치로만 본다면, 이는 단순히 인구 증가나 감소의 패턴으로 보일 수 있다. 그러나 브로델이 언급한 것처럼, 각 지역의 인구 분포는 그 지역의 경제적 · 사회적 구조와 밀접하게 연결되어 있으며, 그 안에는 서로 다른 인간 집단의 고유한 경험이 존재한다. 데이터가 그저 인구 변화로 끝나는 것이 아니라, 어떤 집단이 왜 더 많이 성장했고, 어떤 지역이 왜 더 정체되었는가에 대한 역사적 내러티브가 필요하다.

18세기 유럽에서 인구가 급증한 이유는 농업 기술의 발전 때문만 아니라 도시화와 상업 활동의 확장 덕분이었다. 이러한 요소들은 수치 데이터로 표현되지만, 그 속에서 사람들이 경험한 일상적 변화와 사회적 적응 과정은 수치로 설명될 수 없는 중요한 이야기다. 또 계층 간 경제적 격차나 사회적 불평등도 수치 데이터로는 그 전체를 포착하기 어렵다. 산업혁명 시기의 경제 데이터를 보면 생산성과 부가 급격히 증가했음을 알 수 있지만, 그 속에서 노동자 계층이 겪은 사회적 불안과 갈등은 수치로 단순히 나타나지 않는다. 산업화한 도시에서의 임금 격차, 주거 환경, 노동 조건 등은 각각의 숫자나 비율로 기록되었을지 모르지만, 이 숫자들이 그 시대 사람들의 삶에 어떤 영향을 미쳤는지를 해석하는 것이 역사적 내러티브의 소임이다.

데이터 속의 내러티브는 단지 사건의 기록을 넘어선다. 19세기 유럽에서 식민지 확장과 경제적 이득이 수치로 명확히 드러날 수 있지만, 그 안에는 식민지 주민들의 삶의 변화와 저항, 모국에서의 정치적 갈등이 존재한다. 데이터는 이러한 이야기를 포함하고 있지 않기 때문에, 그 맥락의 역사적 내러티브가 필요하다.

디지털 시대에는 수많은 데이터를 활용할 수 있지만, 이 데이터를 통해 역사적 내러티브를 만들어 내는 일은 여전히 인문학적 해석의 영역이다. 데이터는 정보를 제공하지만, 그 정보에 생명을 불어넣는 것은 인간의 이야기다. 데이터를 분석하면서 그 속에서 내러티브를 발견하고 이를 통해 인간의 경험을 조명하는 것이 인공지능 시대 역사학의 중요한 과제가 될 것이다.

참고문헌

박흥식(2007). 흑사병과 중세 말기 유럽의 인구문제. ≪서양사론≫, 93.

Braudel, F.(1979). *Civilisation matérielle, économie et capitalisme*. Armand Colin. 주경철 옮김(1995). 『물질문명과 자본주의』. 까치.

Grantham, G.(1993). Divisions of labour: agricultural productivity and occupational specialization in pre-industrial France, *The Economic History Review*, 46.

González-Val, R., & Lanaspa, L.(2014). Patterns in US Urban Growth, 1790–2000. *Regional Studies*, 50(2).

04
정보에서 지식으로: 해석의 방향

빅데이터와 인공지능 시대에 전통적인 선형적 역사 연구는 한계를 드러낸다. 복합적 데이터를 반영한 비선형적 접근이 필요하며, 다양한 요인의 상호작용을 통해 더 깊은 통찰을 얻을 수 있다. 해석의 방향도 다차원적으로 변화해 역사적 사건과 패턴을 더 입체적으로 분석한다. 학제 간 융합을 통해 새로운 시각과 방법이 필요하며, 이를 통해 역사 연구의 범위와 깊이를 확장할 수 있다.

AI와 사주?

새로운 패러다임

전통적인 역사 연구는 주로 선형적인 내러티브에 기초한다. 수집한 관련 사료를 시간의 흐름에 따라 늘어놓은 다음, 연구자는 각 사건 간의 인과관계를 추적해 역사적 내러티브를 만들어 낸다. 이 과정에서 중요한 역사적 사건과 이 사건의 중요한 행위자인 역사적 인물은 내러티브의 중심이 되며, 인과관계는 역사 연구의 목표가 된다. 여기에 사료를 기반으로 한 철저한 검증과 분석을 기반으로 역사적 사건에 대한 지식이 생산되었다.

시간의 흐름에 따른 선형적 접근으로 인해 역사의 시대 구분이 가능해진다. 역사학에서 시대 구분은 역사적 사건과 변화를 특정 기준에 따라 나누어 구분하는 것을 의미한다. 역사 진행상 동질성이 강한 특정 시기를 앞뒤의 시기와 차별해 파악하는 방식이다.

이기백의 『한국사신론』은 독창적인 시대 구분으로 한국사를 구분하고 있다. 이 책은 해외에서도 가장 잘 알려진 대표적인 한국사 서적 중 하나다. 1967년에 초판이 나온 이래 여러 차례 개정판이 나왔고, 1984년에는 하버드 대학의 에드워드 와그너(Edward W. Wagner) 교수에 의해 'A New History of Korea'란 이름으로 번역되었다. 이기백은 지배 그룹의 변화를 기준으로 한국사의 시대를 구분했다. 실증주의와 민족주의적 관점에서 한국사를 개관한 이기백은 귀족, 전제왕권, 호족, 문벌귀족, 무인, 신흥사대부, 양반, 사림, 광작농민과 도고상인, 중인과 농민, 개화 세력을 한국사의 지배 그룹으로 선정했다. 이에 대해 한국역사연구회에서 1992년에 펴낸『한국역사』는 사회구성체 이론에 기반하여 원시사회, 고대사회, 중세사회, 근대사회, 현대사회로 시대 구분을 했다. 1990년대 초반 수십 명의 소장 학자들의 집단 연구 성과인 이 저작은 지배계급 위주의 역사 인식을 반성하고, 올바른 세계관에 입각한 과학적이고 실천적인 역사학을 표방했다.『한국사신론』에서 조선 후기 이후에나 역사의 주 지배 그룹으로 등장한 농민이,『한국역사』에서는 고대에서 중세, 중세의 재편, 그리고 근대사회로의 전환 등 한국사 전 시기에서 주도적인 역할을 한 것으로 나타난다. 연구자의 관점에 따라 농민은 서로 다른 시기에 한국사에서 부상하고 있다.

『한국사신론』과『한국역사』는 각각 사관에 따른 역사적 내러티브가 다른 데 반해, 역사적 사실에 대한 선형적 접근이라는 점에서는 공통점을 갖고 있다. 현재 대중에게 잘 알려진 대부분의 한국사 관련 저서들도 같은 공통점을 가지고 있다. 해석의 방향이 선형적이다.

빅데이터와 인공지능 시대의 역사학은 선형적인 해석에만 의존하기 어렵다. 그것은 빅데이터의 복합적인 특성과 대량의 정보량 때문이다. 빅데이터 분석에서는 사건의 연속성을 주목하기보다는 방대한 데이터 속에서 패턴을 찾아낸다. 이를 바탕으로 역사적 사건의 다차원적 특성을 더 잘 이해할 수 있고, 다양한 요인의 상호작용을 고려해 사건의 인과관계를 심층적으로 분석할 수 있으며, 표면적으로 보이지 않는 관계나 패턴을 찾을 수 있다(Cao et al., 2022). 다양한 요인들 간의 복잡한 상호작용을 고려하는 비선형적 방법은 복잡계 성격의 역사 빅데이터를 분석하는 데 특히 유용하다.

역사 빅데이터와 인공지능으로 인한 환경의 변화는 이전과 다른 역사 연구방법론의 패러다임을 촉구하고 있다. 시간의 흐름에 따른 선형적인 접근법만이 유일한 역사 연구방법론이 아니다. 역사적 지식의 생산은 해석의 방향에 따라 다차원적이고 다면적으로 되어 가고 있다.

복잡계의 정보 구축

단순한 데이터의 집합에서 의미 있는 패턴을 찾아내는 것은 정보의 단계에 머물지만, 이를 역사적 맥락 속에서 이해하고 설명하는 것은 지식의 영역에 속한다. 이 전환 과정에서 정보는 단순한 사실의 나열을 넘어, 인간 경험과 사회적 맥락을 포함한 더 깊은 통찰을 제공하게 된다.

『한국사신론』과 『한국역사』에서는 실증주의나 사회구성체의 관점에 의해 시대 구분의 장막이 쳐져 있으며, 그 속에 역사적 사실이 시간의 흐름에 따라 배치되었다. 이에 따라 역사적 사실은 시대 구분이라는 장막들 사이에 갇혀 있다. 여기에 시대별 지배 그룹의 선정 기준이 명확하지 않으며, 역사가 과연 선형적인 발전만 있었는가에 대한 문제도 제기된다.

역사는 하나의 사건이나 인물에 얽힌 수많은 요인 간의 상호작용을 통해 형성되며, 이러한 상호작용은 전통적인 시대 구분의 장막을 빈번하게 넘나든다. 따라서 복잡계의 성격에 걸맞은 역사 빅데이터를 활용하는 새로운 방법론이 요구된다. 단순한 시간 순서의 배열을 넘어, 복잡한 상호작용과 패턴을 드러내는 입체적인 역사 서술이 가능하다.

역사 빅데이터는 특정 시기 인물과 그와 관련된 사건에 대한 풍부한 정보를 제공한다. 『안동권씨성화보』는 현전하는 가장 오래된 족보로 1476년에 간행되었다. 이 족보에는 안동권씨 시조인 권행에서부터 그의 후손들이 기록되었는데, 안동권씨와 혼인으로 맺어진 사람들을 포함해 연인원 1만243명의 지배층이 기록되었다(Lee & Park, 2019). 그런데 『안동권씨성화보』에는 인물과 관직에 대한 정보만 기록되어 있다. 단순한 데이터의 집합으로 정보의 단계에 머무른 이 족보에서 역사적 지식을 얻기 위해서는 추가적인 정보의 구축이 필요하다.

우선 이들의 혈연과 혼인 정보는 본 족보에 기재된 인물의 고유번호인 ID를 통해서 구축할 수 있다. 앞서 소개한 '자는 부의 코드를 갖는다'라는 원칙으로 부여된 ID를 통해 가족 관계를 새롭게 구축한다. 과거에 합격한 사람들의 정보는 『문과방목』 등에서 확인할 수 있다. 『문과방목』은 한국학중앙연구원의 한국역대인물종합정보시스템에서 조선시대 문과 합격자 명단을 제공한다. 조선시대 문과 합격자는 804회에 걸쳐 실시된 과거시험에서 총 1만5151명이다(http://people.aks.ac.kr/index.aks). 이 정보에는 문과 합격 이전의 관직, 시험 등수, 부, 조, 증조, 외조 등 4조 정보, 삼촌, 거주지 등도 포함된다. 문과 합격자뿐만 아니라 무과, 소과 시험인 생원 · 진사시, 잡과, 그리고 고려시대 문과와 무과 합격자 정보도 제공한다.

이제 『안동권씨성화보』에 실린 역사적 인물들은 이

름과 관직뿐만 아니라 4조를 포함한 혈연 및 혼인 관계, 시험 등수, 거주지 정보 등을 갖게 되었다. 이들의 관직 이력에 대한 정보는 『고려사』, 『조선왕조실록』, 『승정원일기』, 『비변사등록』 등에서 찾을 수 있다. 이들 관에서 편찬한 역사서에는 왕과 신하들이 정사를 논한 사실들이 연월일 날짜와 함께 상세하게 기록되므로, 이를 추적하면 해당 인물의 관직 이력도 복원할 수 있다. 또한 이들의 스승과 제자 사이의 학연도 파악할 수 있다.

지금까지 역사 빅데이터에 산재해 있는 정보를 하나로 모아 『안동권씨성화보』에 실린 인물들의 데이터를 새롭게 구축했다. 복잡계의 데이터 정보에서 역사적 지식을 탐구하는 과정에 와 있다.

학제 간 융합에 의한 지식의 창출

지금까지 우리는 이름과 관직만 기록된 『안동권씨성화보』에서 인물에 대한 다양한 정보를 추가해 복잡계의 역사 데이터를 구축하는 과정을 살폈다. 역사 데이터는 그 자체로는 단순한 정보에 불과하지만, 이를 당시의 사회구조, 정치적 상황, 문화적 배경 등과 연결 지어 해석할 때 비로소 의미 있는 역사적 지식이 된다. 브로델의 연구는 이 과정에서 중요한 지침을 제공한다. 그는 단순한 수치 데이터를 넘어서 그 속에서 사회적 · 경제적 구조의 지속성을 읽어 내는 방법을 제시했다. 데이터를 정보로 바꾸는 첫 단계에서 더 나아가, 그 정보를 바탕으로 역사적 지식을 형성하는 데 중점을 두어야 한다는 것이다.

빅데이터와 인공지능 시대 역사 연구에서는 복잡계의 역사 데이터의 성격으로 인해 다른 학문 분야와의 융합적 접근이 더욱 중요해지고 있다. 데이터 과학, 인공지능, 시각화, 통계학 등 다양한 분야의 지식과 방법론을 역사 연구에 융합함으로써 더 깊이 있고 폭넓은 역사적 지식을 생성할 수 있기 때문이다. 예를 들어 고대 문명의 유적지 데이터를 3D 모델링 기술과 결합하여 분석할 때, 우리는 그 문명의 건축 기술, 사회 구조, 문화적 특성 등에 대한 더 풍부한 이해를 얻을 수 있다.

학제 간 융합은 역사 연구의 지평을 넓히는 동시에, 연구자들에게 새로운 도전과 기회를 제공한다. 연구자들에게는 디지털 도구를 활용할 수 있는 기술적 능력과 함께, 다양한 분야의 지식을 통합하고 해석할 수 있는 통찰력이 요구된다. 이는 역사학자들에게 새로운 도전이지만, 동시에 역사 연구의 깊이와 범위를 확장할 수 있는 기회이기도 하다.

정보에서 지식으로 전환하는 과정은 단순한 데이터

해석을 넘어, 데이터를 다양한 맥락에서 이해하고 설명하는 깊이 있는 분석이 필요하다. 이는 역사 연구뿐만 아니라 모든 학문 분야에서 중요한 역할을 하며, 특히 빅데이터와 인공지능이 주도하는 현대 연구 환경에서는 필수 과정이다. 인공지능은 방대한 양의 역사 빅데이터를 빠르고 효율적으로 분석할 수 있는 강력한 도구를 제공하지만, 이 도구가 자동으로 의미 있는 역사적 지식을 창출하는 것은 아니다. 인공지능이 데이터의 맥락적 이해와 해석을 가능하게 하려면, 인간의 감정, 직관, 경험을 포함한 복잡한 인지적 과정을 모방할 수 있어야 한다. 하지만 현재 인공지능은 이러한 영역에서 한계가 분명하다.

그런데도 인공지능은 하루가 다르게 진화하고 있어, 머지않은 언젠가는 이러한 한계가 극복될 가능성도 있다. 그것을 피할 수 없다면, 올바른 길로 인도해야 한다. 이 과정에서 인공지능과 인간이 통섭할 여지가 생긴다.

인공지능과 역사학의 통섭은 역사 빅데이터 속에 숨겨진 패턴을 발견하고, 맥락, 해석, 의미 부여의 과정을 더 강력하게 해 나갈 수 있게 할 것이다. 이를 통해 역사학의 학문적 기반은 오히려 더욱 견고해지며, 역사 연구의 범위와 깊이는 한층 더 확장될 것이다.

참고문헌

이기백(1999). 『한국사신론』(신수판). 일조각.

한국역사연구회(1992). 『한국역사』. 역사비평사.

Cao, H., et al.(2022). Deep Contrastive Principal Component Analysis Adaptive to Nonlinear Data. *IEEE Transactions on Signal Processing,* 70, 5738-5750.

Lee & Park(2019). Quality over Quantity: A Lineage-Survival Strategy of Elite Families in Premodern Korea. *Social Science History,* 43(1).

05
지식에서 통찰로: 시대정신

역사학은 과거를 단순히 기록하는 것이 아니라, 변화하는 시대정신에 따라 해석하는 과정이다. 과거의 사실은 고정된 진리가 아니며, 시대적 맥락과 요구에 따라 재구성된다. 디지털 기술과 빅데이터의 도입은 역사 연구의 발전을 촉진하고, 장기적 시각에서 시대정신을 반영한 새로운 통찰을 가능하게 한다. 이를 통해 현대적 문제 해결에도 중요한 기여를 할 수 있다.

AI와 아이돌?

역사학의 소임

"역사는 과거와 현재의 끊임없는 대화다." 『역사란 무엇인가?』에서 에드워드 H. 카(Edward H.Carr)가 정의한 역사다(Carr, 1961/2014). 역사란 단순한 과거의 사건들을 객관적으로 기술하는 것이 아니라, 역사가가 현재의 관점에서 과거를 해석하는 과정의 산물이다. 우리가 아는 과거의 사실들은 그 자체로 존재하는 것이 아니라 역사가의 선택을 받은 것이며, 역사가의 의도에 따라 그 의미가 부여되고 재구성된다는 것이다.

카의 역사에 관한 정의에서 주목되는 점은 다음과 같다. 역사는 과거의 사실과 역사가의 해석이 상호작용한 결과물이라는 점이다. 단순히 사실이 객관적이고 불변하는 진리가 아니며, 역사가가 속한 시대적 · 사회적 맥락에서 형성된 관점으로 어떤 사실을 선택하고 어떻게 해석하느냐에 따라 역사의 내용이 달라질 수 있다. 달리 말해, 역사는 변화하는 시대적 요구와 역사가의 관점에 따라 다르게 해석될 수 있다. 그렇다고 해서 역사 해석이 완전히 주관적일 수는 없다. 역사가가 과거 사실을 선택하고 해석하는 과정은 주관적일 수 있지만, 그 해석은 사실에 기반을 두고 있어야 한다.

한국사에서 현전하는 가장 오래된 역사서인 『삼국사

기』와 그 저자 김부식의 사례로 이 점을 살펴보자. 김부식은 1145년 고려 인종의 명을 받아 『삼국사기』를 편찬했는데, 고구려 · 백제 · 신라 삼국의 흥망성쇠와 관련된 주요 사실들을 기록했다. 『삼국사기』는 본기 28권, 표 3권, 잡지 9권, 열전 10권 등 총 50권으로 구성된 기전체 역사서다. 본기에는 신라 12권, 고구려 10권, 백제 6권의 분량으로 각국의 역사가 시대별로 기록되어 있다. 다음 3권에 걸쳐 삼국의 연표를, 이어 제사 · 음악 · 색복 · 거기 · 기용 · 옥사 · 지리 · 직관 등 잡지를 기록했다. 마지막으로 김유신을 비롯한 삼국의 인물들을 기록한 열전이 수록되었다(정구복, 2006).

카의 역사의 정의를 적용하면, 『삼국사기』는 12세기 당시 남아 있던 고구려, 백제, 신라의 사료들과 김부식과 10여 명의 조교들의 역사적 해석이 상호작용한 결과물이다. 『삼국사기』에 실린 내용들은 단순히 과거의 사실이 아니라 김부식 등의 시대 인식이 투영되어 선택된 것이다. 삼국의 역사를 제후국의 역사를 다루는 세가(世家)가 아닌 황제국의 역사인 본기(本紀)로 명명한 점, 본기에 기록된 삼국의 순서가 신라 · 고구려 · 백제인 점, 본기의 분량이 신라가 가장 많고 이어 고구려, 그다음이 백제로 가장 적다는 점, 삼국의 역사를 고려가 건국된 후

200여 년이 지난 시점에서 다시 작성했다는 점은 분명 김부식의 시대 인식이 반영된 것이다.

김부식의 시대 인식은 전근대 시기 역사가들에게 긍정적인 평가를 받았다. 중국에 대해 사대주의적 경향을 지녔던 시대에, 중국을 대국으로 표현하고 고구려의 멸망을 대국인 중국의 충고를 따르지 않았다고 표현하거나, 국제 관계에도 상하의 관계가 있다고 하거나, 신라에서 독자적인 연호를 쓴 것은 잘못이고 중국 연호를 사용한 것이 잘한 조처라고 평가한 것은 당대의 시대 인식을 충실히 반영한 것이기 때문이다. 하지만 김부식의 시대 인식은 일제 강점기에 신채호에 의해 사대주의자로 평가 절하되었고, 『삼국사기』마저 읽을 가치가 없는 것으로 치부되었다. 일제 식민지 지배를 받는 상황에서 신채호는 민족주의적 역사관을 정립할 필요성이 있었고, 묘청의 낭가 사상과 대립하는 사대주의자로 김부식을 위치 지었다. 이후 많은 역사가가 신채호의 영향 아래 김부식을 극복해야 할 유교적 사대주의자로 인식하기에 이르렀다. 최근에는 김부식의 사대주의는 당대 국제 외교 질서를 생각한 어쩔 수 없는 선택이었고, 오히려 그는 황제국의 역사서에서나 등장하는 본기라는 용어를 사용하고, 한국의 고유한 문화 전통을 정립하기 위해 노력했다는 새로운 해석도 제기되고 있다(정구복, 2001).

김부식의 관점으로 재구성한 『삼국사기』는 그것을 다시 불러낸 시대별 역사가들의 시대 인식으로 계속해서 재평가되고 있다. 변화하는 시대정신에 따라 역사는 계속해서 재해석되고 있다. 역사학의 소임이다.

시대정신의 전환

근대적 역사 연구, 특히 한국사 연구는 20세기 이후 본격화되어 최근 양적 · 질적으로 큰 성장을 이뤘다. 연구자와 학술지의 수가 꾸준히 늘어나는 가운데, 정치 · 경제 · 사회 · 사상 등 다양한 분야에서 심층 연구가 활발하게 이루어지고 있다. 이러한 발전을 이끈 주요 동력 중 하나는 2000년 전후로 시작된 한국사 자료의 디지털화다. 특히 다양한 사료의 디지털화는 한국사 연구의 심화뿐만 아니라, 한국사 연구의 국제적 확산에도 중요한 이바지를 하고 있다(이상국, 2022).

역사 빅데이터의 활용으로 급속한 양적 · 질적 성장을 이룬 한국사 연구는 단기 분절적인 주제에 집중하고 있는 양상이다. "정치사는 그 특성상 한 논문에서 긴 기간을 다루기가 어렵기 때문에 한 연구자가 관심을 두고 연구하는 시기도 짧아질 수밖에" 없고, 이에 따라 "구조적

이고 계기적인 인식을 결여한 채 자신이 연구하는 시기와 주제에 매몰되어 그것을 과도하게 부각시킬 위험"이 있다(홍순민, 1995). 고대사, 고려사, 조선사 전 시기를 아우르는 장기 거시적 시각을 견지한 연구가 드문 것이다.

장기 거시적 연구는 특정 주제나 현상을 오랜 기간 변화의 큰 틀에서 분석한다. 즉 장기적인 역사적 흐름 속에서 나타나는 일정 패턴이나 경향성을 찾고, 단기적인 사건보다 더 큰 정치, 경제, 사회, 문화적 구조의 변화를 분석한다. 장기 거시적 시각에서 역사 현상의 추세를 추적하기 때문에, 역사 빅데이터에서 오랜 시기 필요한 대용량의 정보를 추출하고, 대용량의 정보를 양적 분석방법론을 활용해 분석하며, 역사적 맥락과 해석하는 과정을 학제 간 융합을 통해 수행해야 한다. 빅데이터와 인공지능 시대 걸맞은 연구임이 틀림없다.

우리는 이제 장기적인 역사적 흐름 속에서 각 시대의 인식을 확인하고, 과거와 현재를 관통하는 시대정신을 탐구할 수 있다. 고려시대나 조선시대에만 국한되는 시대정신에 머물러 있으면, 김부식과 『삼국사기』는 사대주의라는 당대의 시대 인식에만 매몰돼 평가할 수밖에 없다. 시야를 넓혀 일제 강점기와 현대에 이르는 시대 인식까지 포괄함으로써 전 시대를 관통하는 흐름 속에서 김부식과 『삼국사기』의 시대정신을 파악할 수 있다. 빅데이터와 인공지능 시대는 역사학을 새로운 차원의 시대정신으로 안내하고 있다.

역사에서 찾는 성찰

빅데이터와 인공지능 도구는 역사적 사실을 탐구하고, 이를 통해 현재의 시대정신에 부응하는 통찰을 이끈다. 과거의 사건에서 교훈을 얻어 현재의 선택과 결정을 더 현명하게 내릴 수 있도록 돕는 것이다. 역사 빅데이터를 분석해 얻은 결과는 역사적 사건이나 사회적 변화가 일정한 패턴을 반복하는 경향을 보여 주며, 이는 현재의 문제를 이해하고 해결하는 중요한 기준이 될 수 있다. 과거는 곧 현재의 거울이다.

그러므로 역사학은 현대사회의 다양한 이슈에 대해 역사학적 성찰을 통한 해결책을 제시해야 한다. 과거의 역사적 사실을 탐구하는 것만이 역사학의 소임이 아니다. 현대사회의 중요한 이슈 중 하나인 능력주의 문제를 통해 이 문제를 살펴본다.

능력주의는 개인이 통제할 수 없는 요인에 의해서가 아니라 개인의 능력에 따라 공직, 명예, 부와 같은 사회적 자원을 배분해야 한다고 주장하는 사회 제도다(Sandel, 2020). 능력주의는 잘 작동하기만 하면 계층 이동의 사다리로서 충분히 그 역할을 다하지만, 그렇지 않으면 계층 이동의 뜻밖의 방해자가 될 수 있다. 그것은 능력주의 이면에 자리 잡은 가족 배경 때문이다. 가족 배경은 학업 성취의 불평등을 초래하는 주요 요인이다(Arrow et al., 2000). 가족 배경은 어떻게 능력주의에 어두운 그림자를 드리우는가? 장기 거시적 관점에서 역사 빅데이터를 분석해 그 해답의 실마리를 찾아가 본다.

한국사에서 조선시대 『문과방목』은 능력주의 문제를 다루는 데 가장 적합한 자료다. 앞서 『안동권씨성화보』 족보에서 역사적 지식을 얻기 위해 추가 정보를 구축한 과정을 설명했다. 이때 『문과방목』도 소개했는데, 이제 능력주의 이슈를 살펴보기 위해, 해당 데이터를 『문과방목』에 기록된 1만5151명을 중심으로 재구축하자. 이들은 1393년 처음 과거가 실시된 이래 1894년 폐지되기까지 500여 년간의 과거 합격자다. 과거 합격이라는 개인의 성공에 미친 능력과 가족 배경을 분석하기 위해서는 과거 합격자가 소과와 대과에서 거둔 등수와 부, 조, 증조, 외조 등 4조의 관직 정보가 필요하다. 이들 정보는 『안동권씨성화보』 데이터를 구축할 때와 마찬가지

방법으로, 관련 사료들, 즉 『사마방목』, 『문과방목』, 족보, 『조선왕조실록』 등에서 추출할 수 있다. 이렇게 구축한 데이터를 '문과방목데이터'라고 부르자.

'문과방목데이터'는 500년에 걸친 장기 거시적인 분석에 적합하다. 우리의 목적에 도달하기 위해 거시적 관점과 미시적 관점에서 통계적 분석을 시행한 후, 다음과 같은 분석 결과를 얻었다. 능력주의적 도구로 처음 도입된 과거제도는 조선 초기에는 그 본연의 의도와 상대적으로 가깝게 작동되다가, 조선 중기 이후로 모든 신분 계층에게 동일한 기회를 제공하지 않게 되었다. 2대 이상에 걸쳐 관직을 보유한 조상을 둔 지원자들이 과거에 합격할 확률이 훨씬 높아지게 된 것이다. 특히 여러 세대에 걸쳐 가족 배경이 개인의 능력보다 훨씬 더 큰 영향을 미쳤으며, 시간이 지남에 따라 개인의 능력은 시험 성공에 점점 더 적은 역할을 하게 되었다. 그 결과 조선 말기에 이르러 과거제도가 세습적 능력주의로 진화했다(이상국 · 박종희, 2023).

조선시대 500년간 실시된 과거제도는 능력주의의 순기능을 점차 상실하게 되는데, 그 주요한 요인은 가족이었다. 과거 등으로 고위직에 오른 사람들은 그 가족 중 과거 합격자를 배출하기 위해 다양한 노력을 기울였다.

성균관이나 4부 학당, 향교 등 공교육보다는 서원이나 개인 사교육에 더 의지했고, 과거제도의 개혁에 나선 왕에 저항하기도 했다. 가족 배경을 가진 합격자는 관직의 승진에서도 그렇지 못한 합격자보다 유리한 고지를 점하고 있었다. 가족은 과거 합격과 관직 상승에 영향을 미친 능력주의의 적이었다.

과거제도와 관직 승진에 대한 역사적 고찰은 오늘날 벌어지고 있는 능력주의 문제와 매우 유사한 면모를 보인다. 조선시대 500년간 운용된 과거제도는 현대사회의 능력주의 문제와 유사한 패턴과 경향성을 드러내며, 이는 과거를 거울 삼아 현대의 시대 인식과 해결책을 성찰할 기회를 제공한다. 이렇듯 역사 빅데이터와 인공지능 도구를 활용한 장기 거시적 연구는 현실 문제를 깊이 성찰할 기회를 제공한다.

참고문헌

이상국(2022). 한국사 연구와 디지털역사학 연구방법론-양적분석을 중심으로. ≪한국사연구≫, 197.

이상국·박종희(2023). 과거제는 "위대한 균형자(the Great Equalizer)"였는가?-『문과방목』을 통한 조선시대 지배엘리트의 관직 이동 분석. ≪조선시대사학보≫, 105.

정구복(2001). 김부식의 생애와 업적. ≪한국학≫, 24(1).

정구복(2006). 『삼국사기』의 원전 자료와 사료비판. ≪한국고대사연구≫, 42.
홍순민(1995). 정치세력과 정치운영. 『한국역사입문』 ②.
Arrow, K., et al.(2000). *Meritocracy and Economic Inequality.* Princeton University Press.
Carr, E. H.(1961). *What Is History?.* Macmillan. 길현모 옮김(2014). 『역사란 무엇인가』. 탐구당.
Sandel, M. J.(2020). *The Tyranny of Merit: What's Become of the Common Good?.* Farrar, Straus and Giroux. 함규진 옮김(2020). 『공정하다는 착각』. 와이즈베리.

06
인공지능의 성찰과 사유: 가능성과 한계

챗지피티의 등장은 인공지능 혁명의 시작을 알렸으나, 기대는 점차 우려로 바뀌고 있다. 인공지능은 상관성에 기반한 사고로 예측 불가능한 결과를 초래할 수 있으며, 인류는 그 위험을 완전히 이해하지 못하고 있다. 인공지능이 인간 삶을 편리하게 하지만, 인문학적 성찰이 부족하면 윤리적 문제를 일으킬 수 있다. 따라서 기술 발전과 함께 인간 본질에 대한 철학적 성찰이 필요하다.

AI와 야구?

인공지능의 사고

챗지피티(ChatGPT)가 공개된 2022년 11월은 인류 역사에서 제4차 산업혁명, 즉 '인공지능 혁명'이 시작된 원년으로 기억될 것이다. 2016년 3월 구글에서 개발한 알파고와 이세돌 기사의 바둑 대국이 인공지능이라는 존재를 전 세상에 알렸다면, 챗지피티의 공개는 인류의 삶을 송두리째 바꾸는 계기가 되었기 때문이다. 그동안 인공지능이 바꿔 놓을 세상에 대한 수많은 전망이 쏟아졌는데, 사람들은 인공지능의 등장을 기대와 우려가 뒤섞인 복잡한 시선으로 바라보고 있다.

인공지능에 대한 시선은 초기의 기대에서 벗어나 점차로 불안함과 우려로 바뀌어 가고 있다(한귀영, 2024). 전문가들은 챗지피티를 '스테로이드를 복용하는 자동완성 기능'이라고 폄훼하거나, 인공지능이 중대 오류를 드러내도 기업들이 문제 해결을 방치한다거나, 챗지피티가 거대 기술 기업들의 수입용으로 전락하고 있다고 평가하고 있다. ≪타임≫지는 "인공지능 군비 경쟁이 모든 것을 변화시키고 있다"라는 기사에서 인공지능의 위험성을 경고하고 있다(Chow & Perrigo, 2023). 여기에 인공지능의 기능이 부풀려져 있다는 평가까지 인공지능과의 허니문이 지나고 있다.

인류의 더 나은 삶을 위해 개발한 인공지능이 인류에게 도리어 위협이 되는 역설을 어떻게 바라봐야 할까. 인공지능은 알고리즘과 빅데이터를 통해서 인과성이 아닌 상관성에 근거한 '그 나름의' 사고를 한다. 이는 인류가 오랫동안 발전시켜 온 사고방식과 큰 차이가 있다. 인과성(causality)은 한 사건이 다른 사건을 일으키는 원인과 결과의 관계를 의미하며, 상관성(correlation)은 사건의 현상 사이의 관계를 의미한다. 즉 인과성은 어떤 일이 일어났을 때 그 일이 '왜' 발생했는지에 대해 선형적으로 접근하는 방법인 데 비해, 상관성은 그 사건의 패턴이나 경향을 발견하는 비선형적 방식이다. 상관성에 근거한 인공지능은 '왜'라는 인과성 질문에 천착하지 않고 결론을 도출한다. 인공지능이 인류에게 위협이 되는 역설의 근본적인 이유다.

인공지능의 사고를 이해하기 위해 날씨와 아이스크림 판매량 간의 관계를 인공지능이 어떻게 추론하는가를 살펴보자. 인공지능은 일정 기간의 날씨 데이터와 아이스크림 판매량 데이터를 수집한다. 이 데이터를 분석하면서, 인공지능은 기온이 높아지면 아이스크림 판매량이 증가하는 경향이 있다는 상관관계를 발견할 것이다. 이를 기반으로 또 다른 날씨 데이터를 제공했을 때, 같은 상관관계를 활용해 아이스크림 판매량을 예측한다. 여기서 인공지능은 기온이 높아지면 '왜' 아이스크림 생산량이 증가하는가를 이해하는 것이 아니라, 단순히 수집한 데이터에 기반하여 기온과 아이스크림 판매량 간의 관계를 분석한다. 여기에 인공지능이 어떻게 그러한 분석을 했는지 인공지능의 사고 체계를 완전히 이해할 수도 없다.

인류는 현재 인공지능이 어떠한 과정을 통해 패턴을 분석하고 상관성을 추정하는지 알지 못하며, '왜' 이러한 분석을 하는가에 대해서도 충분히 알지 못한다. 이러한 무지에서 비롯된 의심은 결국 인공지능이 언젠가 인류에게 위협이 될 것이라는 확신으로 변모한다.

인공지능의 발전

인공지능(artificial intelligence)은 1956년 미국 다트머스 대학의 존 매카시(John McCarthy) 교수가 개최한 다트머스 회의에서 처음 사용한 용어다. 그 어원에서 이미 드러난 대로 인간이 만든 지능을 의미하는데, 인간의 도움 없이 스스로 학습하고 문제를 해결할 수 있는 도구를 말한다.

인류는 오래전부터 인공지능을 위한 이론적 토대를

정립해 왔다. 인공지능의 추론과 탐색의 이론적 토대는 기원전 1세기 이후 세계의 철학자들에 의해 정립된 형식 추론이다. 형식 추론은 논리적 규칙에 따라 명시된 규칙을 기반으로 결론을 도출한다. 초기 인공지능은 형식 추론을 기반으로 한 규칙 기반 시스템을 통해 발전했다. 형식 추론은 이상적 환경에서는 잘 작동하지만, 예외 상황이나 불확실성의 실제 인간 사회에서는 한계가 있다. 이에 따라 인공지능은 확률적 모델과 기계 학습 등 비형식적 접근으로 그 한계를 극복하고 있지만, 형식 추론도 여전히 주요하게 활용되고 있다.

인간의 사고를 기계로 재현하기 위한 시도는 기계 언어인 2진수(0과 1)를 원리로 작동하는 컴퓨터의 발견으로 한 차원 발전하게 되었고, 이러한 노력의 결과로 1966년 세계 최초로 인공지능을 탑재한 로봇 '쉐이키'와 1970년 일본 와세다대의 '와봇(WABOT)' 1호가 세상에 나오게 되었다. 괄목할 만한 성과를 이뤄 가던 인공지능 연구는 1970년대가 되면서 '제1차 빙하기'를 겪게 된다. 그것은 인공지능의 실용화를 가로막는 기술적 문제부터 투자 비용까지 복합적인 문제가 불거졌기 때문이다. 1980년대 들어 전문가 시스템이 개발되고 연구 자금이 유입되면서 다시 활기를 찾기 시작했지만, 인공지능 전용 하드웨어 시장이 붕괴한 1987년을 기점으로 1993년까지 기나긴 '제2의 빙하기'를 맞이하게 되었다. 그러다가 1990년대 후반에서 2000년대 초반에 인공지능 연구가 물류, 데이터 마이닝, 의료 진단 등 다양한 분야에서 쓰이면서 다시 활기를 띠었다. 인공 신경망을 기반으로 한 딥러닝 기술이 발전하면서, 빅데이터의 효과적 처리와 빠른 연산이 가능해졌다(이경원, 2017). 특히 2006년 캐나다 토론토 대학의 제프리 힌턴(Geoffrey Hinton) 교수가 처음 발표한 딥러닝 알고리즘은 인공지능의 발전을 더욱 가속했다. 인간의 뇌를 모방한 신경망 네트워크(neural networks) 구조로 이루어진 딥러닝 알고리즘은 이미지를 인식하는 기능을 갖게 되면서 더욱 발전하게 되었다(NVIDIA Korea, 2016). 2016년 구글 알파고와 이세돌의 대결과 2022년 챗지피티의 등장이 차근차근 준비되고 있었다.

인공지능의 과제

인류는 오랜 시간 동안 인간의 도움 없이 스스로 학습하고 문제를 해결할 수 있는 인공지능을 개발해 왔다. 이러한 기술 개발의 핵심 목표는 인간 삶의 편리성을 증진하는 데에 있었다. 인공지능은 인간의 사고 구조와 행동 방식을 모방함으로써 점차 인간과 유사한 능력을 갖추어 가고 있으며, 이는 단순한 효율성의 문제를 넘어 인간 자체를 이해하는 데까지 나아가고 있다. 그러나 이러한 기술적 진보는 인문학적 성찰을 동반하지 못했으며, 그 결과 인류는 효율성과 이익만을 추구하는 경향에 빠지게 되었다.

그 과정에서 인공지능은 인간의 삶에 유용한 도구로 자리 잡았지만, 동시에 많은 사람들에게 막연한 두려움의 대상이 되었다. 이러한 두려움은 단순히 기술에 대한 이해 부족에서 비롯된 것이 아니라, 기술 발전의 방향성에 대한 철학적 고민이 결여된 상황에서 나타난 것이다. 인공지능이 '왜' 개발되어야 하며 그 목적과 의미가 무엇인지에 대한 근본적인 질문이 제기되지 않는 한, 기술은 오히려 인간 삶의 중요한 가치들을 훼손할 가능성이 있다. 이는 기술 그 자체의 문제가 아니라 인문학적 성찰이 결여된 기술 개발의 방향성에서 비롯된 문제라고 할 수 있다.

인문학은 인간의 본질, 도덕적 가치, 사회적 관계를 탐구하는 학문이다. 그러나 우리는 인문학을 도구적 관점에서만 바라보며, 그 실용성과 쓰임새에만 주목하는 경향이 강해졌다. "이 기술이 어떻게 유용할까?"라는 질문만이 강조되면서, 기술 발전이 인간 존재의 본질과 인간성에 미치는 영향에 대한 고민은 점차 사라지고 있다. 이에 따라 인간과 기술의 관계에 대한 성찰, 기술이 지닌 윤리적 의미 등은 간과되고 있다(김기봉, 2021). 이러한 상황은 단순히 기술이 발전하는 문제를 넘어서, 인간의 도덕적 기준과 가치 체계를 흔들리게 할 수 있는 심각한 위기를 초래할 수 있다.

만약 인공지능이 효율성만을 추구하는 도구로 전락한다면, 인간은 기술의 지배를 받을 위험이 있다. 기술의 발전이 우리의 삶을 윤택하게 만들 수는 있지만, 그것이 인간다움과 윤리적 가치를 훼손하는 방식으로 작용한다면 이는 오히려 퇴보라 할 수 있다. 인공지능은 단순한 효율성을 위한 도구로 머물러서는 안 되며, 인간 삶을 풍요롭게 하고 인간다움을 보존하는 파트너로 기능해야 한다.

결국 인공지능과 인문학은 상호 보완적인 관계에 놓여 있다. 인공지능이 아무리 발전하더라도 그 방향성을 정하는 것은 인간의 철학적 · 윤리적 성찰에 달려 있다. 기술이 발전할수록 인류는 더욱 깊이 있는 질문을 던져야 하며, 인간 존재에 대한 탐구를 통해 기술의 발전을 인도해야 한다. 인류가 이러한 성찰을 지속하지 않는다면, 인공지능의 진보는 인간의 존엄성과 가치를 희생시키며 이루어질 가능성이 크다. 그러므로 인류는 기술 발전과 더불어 인간의 본질과 가치를 끊임없이 탐구해야 하며, 이를 통해 인문학적 성찰을 계속 이어 나가야 한다. 인문학이 제시하는 성찰은 단순한 과거에 대한 이해를 넘어서, 미래를 준비하고 기술이 인간다운 미래를 가능케 하는 데 필수적인 방향을 제시할 것이다.

참고문헌

김기봉(2021). 4차 산업혁명 시대 역사교육의 목표와 방향. ≪역사교육≫, 159.

이경원(2017). 인공지능의 역사. https://blog.naver.com/keit_newtech/220978388608

한귀영(2024.6.24). AI 기술, 인간은 뒷전... 빅테크 의도대로 굴러가. 한겨레, https://www.hani.co.kr/arti/economy/it/1146114.html

NVIDIA Korea(2016.3). 인공지능(AI)은 어떻게 발달해왔는가, 인공지능의 역사. https://blogs.nvidia.co.kr/blog/history_of_ai/

Chow, A. & Perrigo, B.(2023.2.17). The AI Arms Race Is Changing Everything. TIME, https://time.com/6255952/ai-impact-chatgpt-microsoft-google/

07
인공지능 기반 역사학

인공지능과 빅데이터 시대에서 역사학은 전통적인 연구방법론의 한계와 디지털 기술 도입의 필요성에 직면해 있다. 디지털 기술이 역사적 맥락을 충분히 반영하지 못할 위험이 있으며, 역사 연구자들은 디지털 기술을 학습해야 하는 과제를 안고 있다. 이를 해결하려면 역사적 특수성에 맞는 인공지능 도구가 필요하다. 인공지능 도구는 복잡한 관계를 파악하고 숨겨진 역사적 통찰을 발견하는 데 유용하다.

AI와 윤동주?

역사학의 도전

인공지능과의 통섭 시대에 역사학은 여러 방면에서 도전에 직면해 있다. 역사학은 "탐구의 분야로서, 개념적인 벼랑 끝에 서 있다"라는 평가가 공공연하게 이루어지고 있다(Weller, 2013). 역사학, 특히 한국사는 내부, 외부, 그리고 연구자 자신으로부터 끊임없는 도전을 받고 있다.

첫 번째 도전은 역사학 연구의 내부로부터 오고 있다. 방대한 정보가 무한히 팽창하는 빅데이터와 인공지능 시대에, 활자로 기록된 역사 자료를 글자 하나하나 그리고 그사이 행간의 의미를 살피는 전통적인 질적 연구방법론으로는 변화하는 연구 환경에 대처하는 데 분명한 한계가 드러나기 시작했다. 이는 질적 연구방법론이 관련 연구의 전문적인 지식을 요구하고, 역사적 인물들의 주변 사람들이나 그의 전체 사회적 네트워크를 고려하지 않고 직접적인 관련이 있는 두 사람의 관계에만 관심을 두는 경향이 있기 때문이다(Huang & Luo, 2018). 이는 한정된 사료를 통해 얻은 분석 결과에 대한 문제 제기이며, 질적 분석 결과만을 '실증'이라는 이름으로 객관적인 것으로 받아들이는 연구 풍토에 대한 도전이다. 또한 단기간의 분절적인 연구에만 머물러 장기간의 시계열적인 연구가 사장될 위험이 크다는 경고다. 풍부한 사전 지식 없이도 양적으로 그 관계의 중심인물과 그 특성을 파악하는 양적 분석방법론(qualitative analysis)을 포함한 다양한 연구방법론의 모색이 절실히 요청된다.

두 번째는 외부로부터의 도전이다. 디지털과 인공지능 기술에 특화된 데이터 과학자, 공학자, 사회과학 및 자연과학 연구자들이 디지털화된 역사 빅데이터를 자신들의 연구방법론으로 분석하면서 여러 가지 문제가 나타나고 있다. 특히 데이터 과학자들은 패턴 인식과 상관관계 분석에 강점을 가지고 있지만, 역사적 사건과 인물들 간의 복잡한 인과관계를 역사적 맥락에서 충분히 반영하지 못하는 경우가 많다. 이러한 비역사적 접근(ahistorical approach)은 역사의 깊이를 간과하게 만들고, 특정 사건이나 현상에 대해 피상적인 이해를 초래할 수 있다(이상국, 2016).

더욱이 데이터 과학자와 공학자들은 종종 디지털화된 사료를 양적으로 처리하고 분석하는 데 집중하면서 역사적 자료의 맥락을 도외시하는 경향이 있다. 특정 역사적 사건의 기록이 다른 시기나 지역의 기록과 어떻게 상호작용하며 맥락을 형성했는지에 대한 고려 없이 단순히 데이터 간의 숫자적 관계만을 분석한다면, 깊이 있는 역사적 통찰을 방해할 위험성이 크다.

또 외부 연구자들이 사용하는 디지털 도구와 기술들은 한국사 연구의 본질적인 질문에 적합하지 않을 수 있다. 이들이 사용하는 모델과 알고리즘은 한국사 사료의 특수성을 반영하지 못하고, 일반적인 분석 도구에 맞춰진 경우가 많기 때문이다. 이러한 외부의 도전에 대응해 역사학자들은 기술적 접근 방식을 배제하지 않으면서도, 역사적 맥락과 인과관계를 충분히 반영하는 방식으로 디지털 도구를 활용하는 방안을 모색해야 한다.

세 번째는 역사 연구자 자신에 닥친 도전이다. 오랫동안 훈련을 통해 체득한 질적 분석 방법에 익숙한 연구자들은 디지털 기술에 대한 이해와 학습에서 어려움을 겪고 있다. 이는 특히 디지털화된 한국사 빅데이터를 활용하는 과정에서, 한국사 연구자의 역할이 어떻게 정의되고 발전해야 하는가에 대한 중요한 문제로 연결된다(이상국, 2022). 이 문제는 한국사 연구자들에게 디지털 기술을 배우고 활용할 수 있는 새로운 능력을 요구하며, 디지털 기술과 역사학의 융합이 불가피한 시대적 변화 속에서 연구자들이 스스로 적응해야 하는 중요한 과제로 남아 있다.

역사 빅데이터 분석 도구

역사 빅데이터는 다층적이며 복잡계의 특성을 갖는다. 역사 빅데이터를 단순히 수치화했다고 해서 개인과 개인, 사회적 관계가 단순해지는 것은 아니며, 이를 적절하게 분석할 수 있는 모델을 구축하는 것은 매우 까다로운 과제다. 그동안 사회과학이나 데이터 과학 분야에서는 관련 분석방법론에 대한 많은 진전이 이루어졌고, 이를 역사 빅데이터에 적용하려는 다양한 시도가 있어 왔다. 사회과학이나 데이터 과학 분야에서 발전한 연구방법론 중에서 역사 빅데이터에 적용할 수 있는 분석 도구를 살펴본다. 이를 통해 인공지능을 활용한 연구방법론을 모색하는 실마리를 찾아본다.

통계학의 다양한 분석방법론은 역사 빅데이터에 적용하는 데 유용하다. 그중 사회사적 사건의 발생, 전개, 종료의 역사적 과정을 분석하는 통계 방법을 역사통계학이라고 명명할 수 있다. 구체적으로 사건사 모형(event history model)과 전환점 분석(change-point analysis)이 있다. 사건사 모형은 연속적인 시간 선상에서 발생하는 사건들에 따라 사회적 행위자의 질적인 변화를 분석한다. 사회적 행위자(개인, 집단, 혹은 사회)에게 발생하는 사건의 발발 시점 또는 지속성을 모형의 종속변수로 설정하여 그것에 영향을 주는 요인들의 효과를 측정하는 것을 기본 설정으로 한다. 이를 위해 장기간의 종적 자료(longitudinal data) 구축이 필수적이다. 일례로, 과거제도의 경우 과거 합격자들이 당상관 이상 주요 관직으로 진출하게 되는 시점을 개별 합격자의 생애사에서 중요한 사건이라고 정의하면, 가족 배경, 시험 성적, 성관, 거주지, 연령, 출신 등의 요인들이 개별 합격자들의 주요 관직 진출에 미친 영향을 사건사 모형을 통해 살펴볼 수 있다.

전환점 분석은 사건사 모형과는 달리 이미 알려진 사건의 발생 시점을 연구하는 것이 아니라 알지 못하는 사건의 발생 시점을 추적하는 것을 목적으로 한다. 이를테면 개별 합격자의 주요 관직 진출에 가족 배경이 미친 영향이 갑자기 증가하는 역사적 시점이 언제인가를 찾는 것이다. 따라서 전환점 분석은 거시적 사회 변화나 역사적 분기점을 찾는 데에 매우 유용하다.

사건 간의 관련성을 살펴보기 위한 구체적 분석 방법으로 변수 간의 관계를 예측하는 회귀분석이 있다. 회귀분석 중 선형회귀분석은 한 개 혹은 두 개 이상의 설명변수에 기반을 두고 선형 예측 함수를 사용해 회귀식을 만들며, 알려지지 않은 파라미터(모집단)의 특성을 데이터로부터 추정한다. 설명변수가 한 개인 경우는 단순회귀분석(Simple Linear Regression), 두 개 이상이면 다중회귀분석(Multi-linear Regression)이라고 한다. 선형회귀에서 변수는 양적변수 중 사람의 나이, 몸무게, 한 가구의 소득 등 각 변수의 값 사이에 무수히 많은 다른 값들이 존재하는 연속변수다.

다음으로 빅데이터 분석이 있다. 빅데이터 분석은 대량의 데이터로부터 자료에 존재하는 일정한 패턴을 비모수적 – 분석 데이터가 정규분포를 따르지 않거나 소수일 경우 – 으로 추정하는 것이라고 정의할 수 있다. 빅데이터의 분석 방법으로는 통계적 분석, 데이터마이닝, 소셜 네트워크 분석(social network analysis), 머신러닝, 딥러닝 등이 있다. 빅데이터 분석은 매우 유연한 방법이므로 다양한 방식으로 연구에 활용될 수 있다. 이를테면 과거 합격 또는 불합격 여부나 주요 관직으로 성공적으로 진출했는지 – 이진분류(binary classification) – 를 가족 배경, 시험 성적, 성관, 거주지, 연령, 출신 등의 요인들을 이용하여 예측하는 신경망 모형을 구축하여 살펴볼 수 있다. 이진 분류에 활용될 수 있는 다양한 알고리즘 중에서 과거 자료 연구에 최적의 알고리즘을 발견하고, 이를 토대로 조선의 사회 이동성을 예측하는 모형을 구축할 수 있다.

분석적 유연성 외에 빅데이터 분석 방법이 가진 또 하나의 장점은 스프레드시트(spreadsheet) 형태로 구조화가 힘든 복잡한 데이터를 자유롭게 분석에 활용할 수 있다는 점이다. 관직 이동 자료는 한 개인 합격자가 평생 거쳐 간 관직의 종류, 순서, 머문 시간 등을 모두 포함하고 있는 복잡한 자료다. 이를 효과적으로 분석하기 위해서는 빅데이터 분석 방법 중에서 소셜 네트워크 분석 기법을 적극적으로 활용할 수 있다(이상국, 2022).

인공지능의 활용

역사 빅데이터는 다양한 사건 속에서 인물 간의 다층적이며 복잡한 관계를 포함하고 있다. 그러나 역사 빅데이터는 데이터 과학에서 말하는 일반적인 '빅데이터'와는 차이가 있다. 일반적으로 빅데이터는 더 다양한 데이터(Variety), 더 많은 양(Volume), 더 빠른 속도(Velocity)로 처리되는 데이터를 의미한다. 반면, 한국사 빅데이터는 '현재 진행형으로 축적되는' 데이터가 아니라 이미 생성이 완료된 과거의 사료를 디지털화하여 구축하는 방식으로 이루어진다.

역사 빅데이터는 그 방대한 양과 복잡성으로 인해 분

석이 어려운 분야다. 기록되지 않은 사건이나 인물에 대한 정보는 새롭게 발굴되지 않는 한 확인할 방법이 없으며, 동일 인물이나 연관된 사건을 체계적으로 수집하는 작업 또한 매우 복잡하고 시간이 많이 소요된다. 이러한 문제를 해결하는 데 인공지능은 강력한 도구로 작용한다.

인공지능의 자연어 처리(NLP) 기술은 방대한 역사 기록에서 인물과 사건을 자동으로 추출하고, 동일 인물 혹은 관련 인물 간의 관계를 분석하는 데 유용하다. 이를 통해 전통적으로 수작업으로 진행하던 복잡한 분석을 빠르게 처리할 수 있다. 또한 인공지능은 패턴 인식과 상관관계 분석을 통해 데이터 내 숨겨진 관계를 발견하고, 과거에 드러나지 않았던 연관성을 밝혀내는 데 도움을 준다.

딥러닝 기술은 불완전한 데이터를 바탕으로 누락된 정보를 예측하거나 보완하는 데 유용하며, 기록되지 않은 사건이나 인물에 대한 정보를 간접적으로 추론하는 역할을 할 수 있다. 또 네트워크 분석 도구는 인물과 사건 간의 복잡한 관계를 시각적으로 분석하여 사회적 구조 속에서의 역할을 이해하는 데 효과적이다. 인공지능의 군집화 기능은 데이터를 자동으로 분류하여 특정 시기나 주제와 관련된 인물과 사건을 효율적으로 정리하고 분석할 수 있게 한다. 이를 통해 연구자들은 중요한 관계를 놓치지 않고 방대한 데이터를 체계적으로 처리할 수 있다.

인공지능은 역사 빅데이터의 복잡성을 다루고 더 깊이 있는 분석을 가능하게 하는 강력한 도구다. 비록 인공지능이 기록되지 않은 정보를 직접 발굴할 수는 없지만, 기존 데이터를 바탕으로 새로운 패턴을 발견하고 누락된 정보를 보완하는 데 중요한 역할을 한다. 이를 통해 연구자들은 방대한 데이터를 효율적으로 처리하며, 인물과 사건 간의 복잡한 연관성을 보다 명확하게 파악할 수 있고, 그 결과 역사 연구의 새로운 가능성을 열어 갈 수 있다.

참고문헌

이상국(2016). '빅데이터' 분석 기반 한국사 연구의 현황과 가능성: 디지털 역사학의 시작. ≪응용통계연구≫, 29(6).

이상국(2022). 한국사 연구와 디지털역사학 연구방법론-양적분석을 중심으로. ≪한국사연구≫, 197.

Huang & Luo(2018). Computing Lens for Exploring the Historical People's Social Network. 2018 6th International Conference on Future Internet of Things and Cloud Workshops (FiCloudW), Barcelona.

Weller, T.(2013). Introduction. *History in the Digital Age.* Routledge.

08
인공지능, 역사 연구의 도구

인공지능은 역사 빅데이터를 기반으로 패턴 인식에 뛰어나지만 복잡한 상황에서는 한계가 있다. 역사 빅데이터 분석에서 통계학이나 데이터 과학의 방법론을 적용할 때도 신중함이 필요하다. 인공지능은 숨겨진 관계를 찾는 데 유용하지만, 역사적 맥락을 고려하지 않으면 왜곡된 결과를 초래할 수 있다. 따라서 인공지능 도구의 정확성을 높이기 위해 인간의 비판적 검토가 필수적이다.

AI와 한의학?

인공지능의 활용을 위하여

현재의 인공지능은 만물상자가 아니다. 데이터에 기반한 패턴 인식과 계산 능력에서는 뛰어나지만, 제공된 데이터와 알고리즘 범위를 넘어서는 복잡하거나 애매한 상황에서는 한계를 드러낸다. 인공지능이 생산한 결과물은 비선형적인 상관관계에 바탕을 둔 것이기 때문에, 데이터 이면의 상황이나 윤리적 문제, 창의적 사고 측면에서는 여전히 기대에 못 미친다. 결과물에 대해 항상 검증이 필요한 이유다.

인간처럼 다양한 문제를 통합적으로 이해하고 해결할 수 있는 범용 인공지능(AGI, Artificial General Intelligence)이 출현하기 전에는, 그리고 더 적극적으로 범용 인공지능의 출현을 돕기 위해서는, 각 문제에 맞는 적절한 도구와 방법론을 선택하는 것이 중요하다. 사회과학의 통계 방법론이나 데이터 과학의 방법론 등 다른 학문 분야의 분석 도구를 그대로 역사 빅데이터에 적용하면 안 된다. 양적 수치나 시각화에서 나타나는 것만이 역사적 사건의 실체가 아니기 때문이다. 통계학을 역사 빅데이터에 적용하는 다음 사례를 통해 이 문제를 확인한다.

역사 빅데이터를 기반으로 조선시대 자식의 성공에 부모의 사회적 지위가 어떤 영향을 미쳤는가를 살펴본다고 가정한다. 부모의 사회적 지위와 자식의 성공을 관품의 높낮이로 측정하는데, 10이 가장 높고 1이 가장 낮은 측정 수준(level of measurement)을 설정하고, 두 변수 간 선형 예측 모델을 만든다. 이를 위해 3대에 걸친 두 가족 A와 B를 상정하는데, 가족 A는 할아버지 G3가 8의 지위에, 아버지 세대 G2 3명이 각각 10, 2, 2의 지위에, 자식 세대 G1 9명이 각각 10, 2, 2, 1, 2, 3, 1, 2, 3의 지위에 있다. 이에 대해 가족 B는 할아버지 G3가 5의 지위에, 아버지 세대 G2 3명이 각각 3, 5, 6의 지위에, 자식 세대 G1 9명이 각각 3, 4, 5, 4, 5, 6, 6, 5, 7의 지위에 있다. 가족 A는 가족의 자산을 3대에 걸쳐 한 명에게 집중한 가족 유형을 대표하며, 이에 반해 가족 B는 가족의 자산을 3대에 걸쳐 고루 분배하는 가족 유형을 대표한다.

주요한 측정 변수인 관직 등급은 순서형 변수(서열척도)에 속하는데, 이를 연속변수로 가정해 선형회귀분석을 시도한다. 회귀분석의 결과, 개인의 사회적 지위에 유의미한 영향을 미치는 것은 아버지이며, 이것이 통계적으로 확인되는 것은 가족 B이다. 여기서 할아버지의 영향력은 통상적인 95%의 신뢰수준에서 벗어난 것으로 나타난다.

이 사례는 역사 빅데이터를 분석하는 데 다음과 같은

시사점을 제공한다. 우선, 인접 학문 분야의 연구방법론은 역사 빅데이터에 실제로 활용 가능하다는 점이다. 사회과학이 발전시켜 온 선형, 로짓, 콕스 등 다양한 회귀분석의 활용을 적극적으로 모색할 수 있다. 여기서 역사적 사실을 최대한 반영한 수치화는 분석 결과의 질적 수준을 높여 준다는 것을 다시 한번 강조한다.

두 번째 시사점은 도입한 분석 방법을 역사 빅데이터의 특성에 맞게 최적화하는 과정을 반드시 거쳐야 한다는 점이다. 이는 매우 도전적인 과제인데, 가족 A와 B의 회귀분석 결과가 역사적 사실과 반드시 일치하지 않기 때문이다. 현대도 그렇지만 전근대 시대에 조부의 영향력이 손자에게 유의미하지 않다는 것은 이해하기 어렵다. 또한 가족 A보다 가족 B에서 부의 유의미한 영향력이 확인되는 부분도 일반적인 역사적 이해와는 다른 결과다. 가족 A는 세대별로 한 사람만 가장 높은 관직인 10에 도달한, 활용할 수 있는 자산을 한 사람에게 집중하는 전략을 세웠다. 그 결과 가족 A는 '정승댁' 혹은 '판서댁'으로 불리게 될 것이며, 중간 관직에 도달한 가족 B보다 더 높은 사회적 지위를 인정받을 것이다.

통계분석 결과가 역사적 이해와 다른 이유는 회귀분석 결과를 산출하는 방식에서 찾을 수 있다. 가족 B와 같이 조부와 부, 그리고 자가 유사한 관직을 가질 때 상관관계가 높게 나타날 수밖에 없는 것이다(이상국, 2022). 그러므로 역사적 맥락과 데이터의 특성을 고려한 사회적 지위의 영향력을 분석하기 위해서는, 개인은 가족의 일원이라는 점과 조부와 손자 사이의 직접적인 영향력을 산정하는 방법을 고려해 분석해야 한다(Lee & Park, 2019).

학제 간 융합을 통한 인공지능 도구를 활용하기 위해서는, 역사 빅데이터에 최적화된 분석 도구와 모델을 개발해야 한다. 통계학, 데이터 과학, 시각화의 분석방법론을 도입할 경우 역사 빅데이터에 최적화된 방법론을 개발하는 과정을 거쳐야 한다. 이는 인공지능 도구를 활용한 분석에도 마찬가지다. 비선형적 패턴 분석과 상관관계 분석을 위주로 하는 인공지능 분석의 오류를 최소화할 수 있고, 결과적으로 범용 인공지능의 출현을 앞당길 수 있을 것이다.

인공지능 활용 연구

역사 빅데이터가 방대한 정보를 포함하고 있다고 해서 완벽한 데이터인 것은 아니다. 기록된 역사적 사건은 기록자의 관점에서 쓰인 것이며, 사건에 연관된 인물들의 행태가 모두 드러나는 것은 아니다. 더욱이 사건과 관련되었지만, 다양한 이유로 그 관련성을 확인할 수 없거나 아예 등장하지 않는 인물들도 적지 않을 것이다. 게다가 기록된 인물이라도 그에 대한 정보가 충분하지 않은 사례가 매우 많다. 이런 역사 빅데이터의 한계는 인공지능을 활용하여 일정 정도 보완할 수 있다.

인공지능은 비선형 패턴 분석을 통해 복잡한 인물 간의 숨겨진 관계를 파악할 수 있다. 단순한 데이터 해석을 넘어 다양한 변수와 요소들의 상호작용을 분석함으로써 가능하게 하는 것이다. 이를테면 표면적으로 관련이 없어 보이는 인물들 사이의 연결고리를 찾아내거나 사회적 네트워크 속에서 영향력의 흐름을 밝혀낼 수 있다. 또한 기록에 등장하지 않았던 정치적 성향이나 이념적 배경도 자연어 처리와 머신러닝 알고리즘을 활용한 데이터 분석을 통해 드러날 수 있다. 공식 기록에 남지 않은 개인의 행적이나 발언, 주변 인물들과의 상호작용을 종합적으로 분석하여 숨겨진 성향을 추론해 낼 수 있다는 의미다.

더 나아가 사건에 직접 연루되지 않은 인물들도 인공지능의 추론을 통해 그들의 영향력이나 관련성을 파악하는 것이 가능하다. 빅데이터 속에서 미묘한 상관관계를 발견하여 그들이 역사적 사건에 어떻게 간접적으로 이바지했는가를 밝혀낼 수 있다. 또한 정보가 충분하지 않은 인물들에 대한 세부 사항도 역사 빅데이터에서 다양한 정보를 추출하여 보완해 준다. 여러 출처에서 흩어진 단편적인 정보를 종합하고 연계함으로써 그들의 역할과 중요성을 재조명할 수 있게 된다.

인공지능이 실제 한국사 연구에 활용된 사례를 통해 그 가능성을 확인해 본다. 『안동권씨성화보』는 10세기에서 15세기에 이르는 1만243명의 가족관계를 기록한 데이터로, 이들을 기반으로 인물 간의 네트워크가 구성되었다. 이 중 1443년부터 1488년까지 정치적 사건들을 중심으로 정치적 권력의 양상을 추론하고자 한다. 그렇지만 『안동권씨성화보』는 개별 인물들의 정치적 지향을 보여 주지 않는다. 이를 인공지능은 역사 빅데이터 중 『조선왕조실록』의 정보를 통해 보완한다. 특히 인물들 간의 혈연관계와 정치적 입장을 네트워크화하여, 기존의 수작업 분석을 대체할 수 있는 머신러닝 기반의 자동화된 분석 방법을 적용할 수 있다.

인공지능 기계학습에서 모델을 훈련시키기 위해 『안동권씨성화보』와 『조선왕조실록』에서 1443년부터 1488년까지 정보를 라벨링된 데이터(labeled data)와 라벨링되지 않은 데이터(unlabeled data)로 나눈다. 라벨링된 데이터는 이미 알려진 역사적 사건과 사실들로 구성되어 있으며, 정치적 변화, 외교 관계, 사회적 변화 같은 사건들이 여기에 포함된다. 반면, 라벨링되지 않은 데이터는 아직 명확하게 분류되지 않은 방대한 역사적 문서와 텍스트들을 포함하는데, 이들 문서에는 역사적으로 중요한 정보가 담겨 있지만, 그 내용이 구체적으로 어떤 사건이나 인물과 연결되는지 명확하지 않은 경우가 많다.

데이터 구축 과정에서 중요한 점은 자연어 처리(NLP) 기법을 사용해 텍스트를 분석하고, 이를 통해 역사적 사건과의 연관성을 찾는 것이다. 이 과정에서는 텍스트 마이닝 기술을 통해 다수의 문서에서 유의미한 패턴이나 키워드를 추출하여 학습 모델에 활용한다. 이를 통해 학습 모델은 라벨링된 데이터와 라벨링되지 않은 데이터를 연결하고, 라벨링되지 않은 데이터에서 추론을 통해 새로운 정보를 도출할 수 있다.

데이터 전처리는 이 과정에서 중요한 역할을 한다. 문서 내의 날짜, 인물, 장소 등의 정보를 추출하고 이를 구조화된 형식으로 변환하는 작업이 이루어진다. 또한 각 문서에서 언급된 사건들이 시간 순서대로 어떻게 연결되는지를 추적하는 것도 데이터 구축 과정의 중요한 부분이다. 이렇게 만들어진 데이터셋은 학습 모델이 역사를 해석하고 새로운 패턴을 찾아내는 데 기초 자료로 사용된다.

그다음 반지도 학습(semi-learning)을 활용해 분석한다. 반지도 학습은 지도 학습과 비지도 학습을 결합한 기법으로, 두 방법의 장점을 동시에 활용하는 학습 방법이다. 지도 학습은 라벨링된 데이터를 이용하여 알고리즘이 명확한 답을 학습하는 방식이지만, 비지도 학습은 라벨이 없는 데이터를 기반으로 데이터 간의 내재적 구조를 찾아내는 방식이다. 반지도 학습에서는 이 두 방식을 조합하여 라벨링된 소량의 데이터와 라벨링되지 않은 다량의 데이터를 함께 사용한다. 먼저, 알고리즘은 라벨링된 소량의 데이터로 초기 학습을 시작한다. 이 단계에서는 알고리즘이 정답을 아는 데이터로 학습되어, 해당 데이터 내에서의 패턴과 규칙을 학습한다. 이후, 학습된 모델은 라벨링되지 않은 데이터에 적용되어, 이전에 학습한 패턴을 바탕으로 유사한 구조와 패턴을 찾아낸다. 이를 통해 라벨이 없는 데이터에서도 잠재적인 연관성을 추출하고 새로운 정보를 발견할 수 있게 된다. 이러한 과정에서 모델은 역사적 추론을 통해 누락된 역사적 세부 사항을 유추한다. 이를테면 기록이 불완전하거나 모호한 사건들 사이의 관계를 파악하고, 연관된 사건 간의 상관관계를 분석하여 새로운 해석을 도출할 수 있다. 또 데이터에서 발견될 수 있는 편향성이나 부정확성을 줄이기 위해 다양한 오류 방지 기법도 함께 적용된다. 이를 통해 분석 결과의 신뢰성을 높이고, 데이터의 불완전성으로 인한 오류를 최소화한다(Lee et al., 2018).

이러한 인공지능의 능력은 역사 연구에 새로운 차원을 제공하며, 한정된 자료로 인해 놓쳤던 통찰을 얻을 수 있게 한다. 분석 결과, 1443년에서 1488년 사이의 인물들을 두 개의 정치세력으로 나누었다. 이는 기존의 역사 해석에서 전문가들의 주관적 판단을 제거한 객관적인 데이터 기반의 분석 결과다.

역사학 연구에 인공지능을 활용하는 연구는 지금 막 시작했다고 해도 과언이 아니다. 역사학을 기반으로 한 학제 간 연구도 점차 늘어나는 추세다. 인공지능은 '이미 해석된' 역사뿐만 아니라 기록의 불안정성을 보완해 '보완된 해석'을 가능하게 한다. 그 결과물에 대한 더욱 엄정한 검증이 필수적인 것은 물론이다. 인공지능은 곧 새로운 역사적 통찰과 발견을 가능하게 하는 역사학의 도구로 자리매김할 것이다.

참고문헌

Lee, D. G., et al.(2018). Historical inference based on semi-supervised learning. *Expert Systems With Applications,* 106.

Lee & Park(2019). Quality over Quantity: A Lineage-Survival Strategy of Elite Families in Premodern Korea. *Social Science History,* 43(1).

09
인공지능, 역사 교육의 도구

인공지능 시대의 역사 교육은 인공지능과 디지털 도구를 활용한 맞춤형 학습으로 전환되었다. 학생들은 자료를 탐색하고 인공지능으로 데이터를 분석하며 역사적 패턴을 발견한다. 교사는 조력자로서 비판적 사고와 창의력, 디지털 기술 활용 능력 함양을 돕는다. 인문학적 문해력과 인공지능 리터러시는 필수 역량이다.

AI와 화장품?

인공지능 시대 역사 교육

빅데이터와 인공지능 시대 급변하는 환경은 전통적인 교육 방식에도 변화를 요구하고 있다. 인공지능을 활용한 학습 시스템이 학습자의 수준, 학습 스타일, 학습 속도에 맞춘 개별 학습 경로를 제공하는 시대가 되었다. 디지털 기술을 통해 학습자가 즉각 자신의 학습 성과를 확인하고 개선할 수 있는 실시간 피드백 시스템도 가능해졌다. 또 학생들은 다양한 교육 자료에 쉽게 시간과 장소의 제약을 덜 받고 접근할 수 있으며, 교과서뿐만 아니라 온라인 강의, 동영상, 모의실험 등 다양한 자료를 통해 풍부한 학습 경험을 가질 수 있게 되었다(오인탁, 2017).

인공지능으로 인한 교육계 전반의 혁명적인 변화는 역사 교육에도 몰아치고 있다. 수많은 정보를 실시간으로 처리할 수 있는 컴퓨터와 인공지능이 인간의 집단 기억을 대체하고 있다. 또한 인공지능은 과거의 기록을 단순히 보관하는 역할을 넘어서, 수많은 데이터를 분석해 인간이 해석하지 못하는 복잡한 패턴을 인식해 새로운 역사적 통찰을 발견하고 예측하는 임무를 수행할 것이다. 이에 대해 인류는 역사적 사건을 기록하고 해석하기보다는 데이터를 분석하고 그 속에서 패턴을 찾아내는 역할을 담당할 것으로 예상된다(김기봉, 2021).

전문가들은 인공지능 시대 역사 교육의 방향성을 다양하게 제시한다. 우선, 현 학생들은 기성세대와는 다른 '디지털 원주민(digital natives)'이라는 점을 고려해야 한다. 디지털 원주민은 미국의 교육학자 마크 프렌스키(Mark Prensky)가 2001년에 처음 사용한 용어로, 컴퓨터, 휴대폰, 인터넷 등 디지털 기술이 확산한 시기에 태어나서 성장한 세대를 가리킨다. 이들은 태어날 때부터 디지털 환경에 익숙하며 자연스럽게 디지털 도구를 활용한다. 그러므로 아날로그에서 디지털로의 전환을 겪으며 후천적으로 디지털 기술을 배운 기성세대, 즉 디지털 이주민(digital immigrants)과는 차원이 다른 역사 교육이 필요하다(김기봉, 2021).

다음, '디지털 원주민'에 걸맞은 디지털 교육을 적극 시행해야 한다. 한정된 자료와 정보에 의존하는 전통적인 교실 교육에서 벗어나, 학생들이 디지털 도구를 통해 스스로 자료를 탐색하고, 분석하며, 새로운 역사적 해석을 시도할 수 있게 해야 한다. 또한 역사적 사건이나 유물을 실감 나게 재현할 수 있는 가상 현실(VR) 및 증강 현실(AR) 기술도 역사 교육에 적극 활용해야 한다. 이를 통해 학생들은 과거의 사건을 직접 체험하거나 시뮬레이션할 수 있으며, 더 몰입감 있는 학습이 가능해진다

(황인규, 2021).

인공지능을 기반으로 한 맞춤형 학습 모델을 개발할 필요성도 제기된다. 이는 전통적인 역사 교육에서 교사와 학생의 역할에 근본적인 변화를 예고한다. 학생들은 인공지능을 활용해 각자의 속도에 맞게 학습하고, 필요한 부분을 집중적으로 보완할 수 있다(황인규, 2021). 이러한 맞춤형 학습 시스템에서 교사는 더 이상 지식 전달자가 아닌 학습을 돕는 조력자 역할을 하게 된다.

역사 교육에 요구되는 역량

인공지능 시대의 역사 교육 방향은 '디지털 원주민' 세대에 최적화된 디지털 맞춤형 교육으로 집중되고 있다. 이제 역사학의 기본 재료인 사건 기록조차 인공지능이 담당할 날도 머지않았다. 나아가 역사학의 핵심인 해석의 영역도 인공지능에게 자리를 내어 줄지도 모른다. 그렇다면 이런 상황에서 역사 교육은 무엇을 목표로, 어떻게 진행되어야 할까?

그 해답의 실마리는 디지털 및 인공지능 시대에 필요한 역량에서 찾을 수 있다. 역사학은 늘 변화하는 시대에 적응해 왔으며, 새롭게 요구되는 역량을 제공해 왔다. 전문가들은 4차 산업혁명 시대에 요구되는 역량으로 창의력, 비판적 사고, 의사소통 능력, 협업 능력, 디지털 기술 활용 능력을 제시한다(황인규, 2021). 창의력은 새로운 문제에 대해 독창적으로 사고하고 해결하는 능력이다. 비판적 사고는 역사적 자료를 검토하고 평가하여 그 신뢰성을 판단하고, 다양한 관점에서 사건을 분석하는 능력이다. 이는 역사적 사건을 수동적으로 받아들이기보다는 질문을 던지고 그 의미를 깊이 이해하는 역량을 기르는 것이다. 의사소통과 협업 능력은 역사적 지식과 해석을 효과적으로 전달하고, 동료들과 팀을 이루어 역사적 사건에 대한 다양한 해석을 공유하며 새로운 통찰을 얻는 능력이다. 또 디지털 기술 활용 능력은 인공지능 시대에 필수 역량으로, 디지털 도구와 플랫폼을 효과적으로 활용해 정보를 검색하고 분석하며 평가하는 능력을 포함한다.

결국 인공지능 시대에 필요한 역량은 인문학적 문해력과 인공지능 리터러시로 요약될 수 있다. 인문학적 문해력은 인간, 사회, 문화에 대한 깊이 있는 이해와 해석 능력이다. 이를 통해 우리는 인공지능 발전에 따른 윤리적 문제를 해결할 판단력을 기르고, 방대한 정보와 인공지능이 제공하는 결과를 비판적으로 평가하고 수용할 수 있다. 또 인공지능이 대체하기 어려운 인간 고유의 창의성을 발휘하며, 다양한 문화와 관점을 이해하는 능력도 함양할 수 있다.

인공지능 리터러시는 인공지능 기술을 비판적으로 평가하고, 인공지능과 소통하며 협력하고, 이를 도구로 활용하는 능력으로 정의된다(Long et al., 2021). 이는 비전문가들도 인공지능 기술을 이해하고, 간단한 코딩을 포함해 일상생활이나 직업에서 이를 적절히 사용할 수 있도록 돕는다(Laupichler et al., 2022).

역사학의 본질적인 관점에서 보자면, 인문학적 문해력은 인공지능 시대에도 여전히 중요한 역량이며, 여기에 인공지능 리터러시라는 새로운 역량이 추가된 것이다. 인공지능 시대가 역사학에 큰 변화를 불러온 것처럼 보일지라도, 이는 역사학이 이전에도 여러 변화의 시기에 대응했던 방식과 크게 다르지 않다. 오랜 시간 동안 역사학이 제공해 온 인문학적 문해력은 여전히 유효하며, 시대에 따라 기술적 도구를 추가로 학습해야 할 필요가 생긴 것뿐이다. 따라서 인공지능 시대는 역사학이 맞이한 또 다른 변화 과정에 불과하며, 역사학의 본질은 여전히 변함없음을 알 수 있다. 인공지능 시대의 역사 교육 또한 이러한 관점에서 진행되어야 한다.

기본에서 문제 해결로

역사학 교육에서 인문학적 문해력을 기르는 가장 효과적인 방법은 '사료 집중 훈련'이다. 이 과정은 단순히 과거의 사실을 배우는 것을 넘어, 현대적 문제 해결과 직결되는 역동적인 사고의 장이 되어야 한다. 이를테면 조선시대의 기록을 분석할 때 그 기록이 오늘날의 사회적 문제와 어떻게 연결될 수 있는지를 탐구하는 것은 학생들에게 단순한 사실 나열 이상의 통찰을 제공한다. 이때 학생들은 과거 사건의 맥락을 이해하는 동시에, 현대적 문제에 대한 새로운 해결책을 발견할 기회를 얻게 된다. 역사는 더 이상 과거의 고립된 기록이 아니라 현재의 사회적 갈등이나 정치적 도전에 적용할 수 있는 귀중한 지침이 된다.

조선시대의 계층 간 갈등을 다루는 사료를 분석하는 과정에서 학생들은 오늘날의 사회적 불평등과 그 역사적 기원을 통찰하게 된다. 과거의 문제 해결 방식과 그 결과를 면밀히 검토하면서, 학생들은 현재 상황에 맞는 새로운 해법을 제시할 수 있다. 이렇게 사료를 활용한 분석은 역사적 사실을 넘어서서, 현재 우리가 직면한 복잡한 문제에 대한 창의적 해답을 도출할 수 있는 토대가 된다. 이는 단순히 기록을 학습하는 것을 넘어, 복잡한 현대 문제 해결에 필요한 통찰력을 길러 주는 핵심 과정이 된다.

인공지능 리터러시도 마찬가지로, 사료 집중 훈련을 바탕으로 한 창의적 문제 해결 과정에서 중요한 역할을 한다. 사료를 분석하며 학생들은 데이터를 깊이 있게 이해하는 방법을 배우고, 그 이해를 바탕으로 적절한 인공지능 도구를 활용해 더 정교한 분석을 진행한다. 중요한 것은 인공지능 도구를 그저 기계적으로 사용하는 것이 아니라, 그 도구의 잠재력과 한계를 모두 인식하며 능동적으로 문제 해결에 활용하는 능력을 기르는 것이다. 이를테면 디지털 아카이브에서 방대한 역사적 기록을 분석할 때, 인공지능은 데이터의 패턴과 구조를 신속하게 파악하는 데 도움을 줄 수 있다. 그러나 그 패턴이 실제로 의미 있는지 판단하고, 인공지능의 결과를 비판적으로 검토하는 일은 여전히 인간의 몫이다. 학생들은 인공지능의 분석 결과를 수동적으로 받아들이는 것이 아니라, 그것을 바탕으로 더 깊은 통찰을 끌어내고 필요하다면 다른 접근 방식을 모색하는 역량을 기른다.

궁극적으로, 사료 집중 훈련과 인공지능 리터러시는 상호 보완적인 방식으로 작동한다. 사료 분석을 통해 학생들은 과거의 사건을 깊이 이해하고, 그 과정에서 데이터의 본질을 파악한다. 인공지능 도구를 통해 대량의 데이터를 다루고 패턴을 분석하는 기술을 익히는 한편, 그 결과를 비판적으로 검토하고, 인간적인 통찰력을 바탕으로 해결책을 찾아내는 창의적 사고 능력을 함께 기른다.

역사 교육은 더 이상 과거에만 머물지 않는다. 학생들은 사료 분석을 통해 과거를 이해하는 동시에, 그 이해를 바탕으로 현대적 문제를 해결하는 능력을 창의적으로 발전시킨다. 이 과정에서 인공지능은 도구일 뿐이며 진정한 해결책은 인간의 비판적 사고와 문제 해결 능력에서 나온다. 이러한 교육을 통해 학생들은 과거와 현재를 연결하고 미래를 준비하는 종합적인 역량을 갖추게 될 것이다.

참고문헌

김기봉(2021). 4차 산업혁명 시대 역사교육의 목표와 방향. ≪역사교육≫, 159.

오인탁(2017). 4차 산업혁명과 교육의 과제. ≪기독교교육 논총≫, 52.

황인규(2021). 4차 산업혁명시대 역사교육의 핵심역량과 핵심주제. ≪역사교육≫, 159.

Laupichler, et al.(2022). Artificial intelligence literacy in higher and adult education: A scoping literature review. *Computers*

and Education: Artificial Intelligence, 3.
Long, D., et al.(2021). Co-designing AI literacy exhibits for informal learning spaces. Proceedings of the ACM on Human-Computer Interaction 5(CSCW2)

10
역사학의 새로운 미래

인공지능과 빅데이터는 역사학에 새로운 도전을 제시하며, 역사 빅데이터 분석에서 강력한 도구가 된다. 인공지능의 수치와 확률을 활용한 데이터 분석은 과거를 이해하고 미래를 예측하는 데 큰 역할을 하지만, 인간의 해석과 의미 부여가 필수적이다. 질적 · 양적 분석의 조화와 학제 간 협력을 통해 역사학의 지평을 넓히며, 인공지능에 종속되지 않고 역사학의 주체로 남아야 한다.

종교와 AI?

수치와 확률 정보

인류는 언제나 "우리는 어디에서 왔으며, 어디로 가고 있는가?"라는 근본적인 질문을 던져 왔다. 이 질문에 답하기 위해 역사학은 과거의 기록을 탐구하고 해석하며 현재를 이해하고 미래를 전망하는 임무를 수행해 왔다. 그러나 인공지능과 빅데이터의 시대에 접어들면서 역사학은 새로운 도전과 기회를 맞이하고 있다. 방대한 데이터의 바다에서 우리는 어떻게 역사학의 지평을 확대하고 미래를 향한 새로운 항해를 시작할 것인가?

역사 빅데이터의 등장으로 "역사적 사실은 그 자체의 체계와 역사성을 갖는다"(김석형, 1995)로 상징되는 기존의 질적 분석만으로는 모든 사료를 검토하기 어려운 현실에 직면했다. 인공지능은 이러한 문제를 해결할 수 있는 강력한 도구로 떠오르고 있다. 수치화된 데이터는 단순한 숫자가 아니라, 과거의 사람들, 사건, 문화의 흔적을 담은 새로운 언어다.

인공지능은 방대한 데이터를 분석하여 숨겨진 패턴과 인과관계를 드러낸다. 예를 들어, 조선시대 호적 데이터를 인공지능으로 분석하면 당시 사회 구조와 인구 이동, 가족 구성의 변화 등을 파악할 수 있다. 이는 인간 연구자가 일일이 분석하기 어려운 규모의 데이터를 처리하여 새로운 역사적 통찰을 제공한다. 마치 데이터의 바다에서 진주를 찾아내는 것처럼, 인공지능은 우리가 미처 발견하지 못한 역사적 보석을 발굴한다.

그러나 수치와 확률은 역사 연구의 도구일 뿐, 그 자체가 목적이 될 수 없다. 숫자는 맥락 없이 존재하지 않으며 인간의 해석과 의미 부여가 필요하다. 인공지능이 제시하는 결과물은 어디까지나 참고 자료로 활용되어야 하며 최종적인 해석은 인간 연구자의 몫이다. 따라서 우리는 질적 분석과 양적 분석의 조화를 통해 역사학의 새로운 언어를 만들어 가야 한다. 이는 수치와 확률의 언어로 역사의 진주를 찾아내는 과정이며, 인간의 지혜와 기술의 결합을 의미한다. "역사적 사실은, 역사 빅데이터의 수치화와 이에 따른 패턴 분석을 바탕으로 추론과 확률, 그리고 역사가의 해석을 통해 그 자체의 체계와 역사성을 갖는다."

사건의 지평선을 넘어

역사 연구는 왕조시대나 특정 분야로 세분되어 전문성을 높이는 데 주력해 왔다. 그러나 이는 시대 간의 연속성과 전체적인 흐름을 놓칠 위험이 있다. 더군다나 단기적이고 소재 중심의 연구로 이어져 역사학에 대한 갈망을 누그러뜨리고 있다. "역사책은 갈망을, 즉 배우고자 하는 갈망을, 그리고 무엇보다도 탐구하고자 하는 갈망을 불러일으켜야 한다"(Bloch, 1968/2001). 이러한 갈망을 충족하기 위해서는 단기적인 관찰을 넘어 장기적이고 거시적인 시각이 필요하다.

브로델은 다양한 시간의 리듬과 구조들이 중층적으로 상호작용하여 역사가 형성된다고 주장했다(Braudel, 1979/1995). 인공지능과 빅데이터를 활용하면 고대부터 근대에 이르는 긴 시간의 역사적 데이터를 분석하여 장기적인 패턴과 변화를 파악할 수 있다. 이는 역사적 사건의 장기적인 영향과 구조를 이해하는 데 큰 도움을 준다. 마치 시간의 지평선을 넘어 과거와 현재, 미래를 한눈에 바라보는 것과 같다.

시대와 분야의 경계를 넘어 다양한 시기와 주제를 연결하는 연구는 새로운 통찰과 이해로 이끌 것이다. 이를테면 기후 변화와 사회 변동의 관계를 장기간에 걸쳐 분석함으로써 현재의 환경 문제 해결에 이바지할 수 있다. 또 문화 교류와 기술 전파가 시대별로 어떤 영향을 미쳤는지를 분석하여 현대사회의 글로벌화 현상을 이해하는 데 도움을 줄 수 있다. 이러한 통합적 연구는 역사학의 지평을 더욱 넓혀 줄 것이며, 현재의 문제를 해결하고 미래를 준비하는 데에도 큰 역할을 할 것이다.

주체인가, 종속인가

인공지능의 눈부신 발전은 역사학에 새로운 지평을 열어 주고 있다. 방대한 데이터를 수집하고 분석하며, 숨겨진 패턴과 의미를 발견하는 데 인공지능은 강력한 도구로 자리매김하고 있다. 그러나 이러한 기술의 도입은 동시에 심각한 질문을 던진다. 우리는 역사학의 주체로 남을 것인가, 아니면 인공지능에 종속되어 수동적인 소비자로 전락할 것인가?

인공지능이 역사 기록의 수집, 분석, 해석까지 주도하게 된다면 인간은 역사 서술에서 배제될 위험이 있다. 역사에 대한 의미 부여와 가치 판단이 기계의 알고리즘에 맡겨지면, 역사학의 근본적인 목적과 인간적 가치를 상실할 수 있다. 따라서 우리는 인공지능 시대에도 역사학의 주체로 남아야 한다. 인공지능은 도구로써 활용하되 최종적인 해석과 의미 부여는 인간의 몫으로 남겨야 한다. 인공지능은 데이터 처리와 분석에 뛰어나지만, 역사적 사건에 대한 깊은 성찰과 윤리적 판단, 인간의 감정과 경험을 통합하는 작업은 여전히 인간의 역할이 필요하다.

우리는 인공지능의 한계를 인식하고 그 결과물을 비판적으로 검토함으로써 역사학의 본질을 지켜 나가야 한다. 이는 단순히 기술에 의존하는 것이 아니라, 기술과 인간의 지혜를 결합하여 새로운 가치를 창출하는 길이다. 또한 역사학은 인간 사회의 복잡한 측면을 다루는 만큼 다른 학문과의 협업이 필수적이다. 인공지능과 빅데이터 분석은 역사학과 자연과학, 사회과학을 연결하는 가교 역할을 한다. 자연과학적 분석 기법을 통해 역사적 유물의 성분을 파악하거나, 지리정보시스템(GIS)을 활용해 역사적 사건의 공간적 변화를 시각화하는 등, 학제 간 협력은 복잡한 역사 현상을 다양한 시각에서 분석하고 풍부한 해석을 가능하게 한다.

그러나 이러한 변화 속에서도 가장 중요한 것은 인간의 역할이다. 인공지능은 강력한 도구이지만 역사 해석의 주체는 여전히 인간이다. 인간의 성찰과 사유, 윤리적 판단이 없다면 인공지능의 결과물은 의미를 상실하게 된다. 따라서 인공지능과 함께 새로운 항해를 시작하더라도 역사학의 본질과 가치를 결코 잊어서는 안 된다.

이제 선택은 우리에게 달려 있다. 인공지능과 인간의 지혜를 결합해 역사학의 주체적 여정을 이어 갈 것인가, 아니면 인공지능에 종속되어 소비자로 남을 것인가. 인류는 언제나 최고의 선택만을 해 온 것은 아니지만, 적어도 후퇴하지는 않았다는 믿음으로.

참고문헌

김석형(1995). 『조선봉건시대 농민의 계급구성-양반론』. 신서원.

이상국(2022). 한국사 연구와 디지털역사학 연구방법론-양적분석을 중심으로. ≪한국사연구≫, 197.

Braudel, F.(1979). *Civilisation matérielle, économie et capitalisme*. Armand Colin. 주경철 옮김(1995). 『물질문명과 자본주의』. 까치.

Bloch, M.(1968). *La Société féodale*(2nd Edition). Albin Michel. 한정숙 옮김(2001). 『봉건사회』. 한길사.

이상국

아주대학교 사학과 교수다. 성균관대학교에서 한국 중세 사회경제사 분야로 박사학위를 받았다. 가족사와 역사인구학, 디지털역사학으로 연구 범위를 확장하고 있다. 성균관대학교 대동문화연구원의 호적대장 전산화 작업에 참여했으며, 미국 펜실베이니아대학교(University of Pennsylvania)와 홍콩과학기술대학교(Hong Kong University of Science and Technology)에서 강의와 연구를 했다. 아주대학교 인문과학연구소장과 디지털역사연구센터장을 맡고 있다. 가족사와 역사 인구학 분야의 세계적 학술지인 ≪History of the Family≫의 편집위원이다. 현재 디지털역사학의 창출과 확산을 위해 역사학 기반 학제 간 융합연구를 수행하고 있다. 주요 저서로는 『The Future of Historical Demography: Upside down and inside out』(공저), 『한국 역사인구학연구의 가능성』(공저), 『전근대 동아시아 역사상의 사(士)』(공저) 등이 있으며, ≪History of the Family≫, ≪Journal of Family History≫, ≪Journal of Interdisciplinary History≫, ≪Social Science History≫, ≪Expert Systems With Applications≫ 등 국제학술지에 다수의 논문을 게재했다.